D0745076

JUEGA COMO HOMBRE, GANA COMO MUJER

JUEGA COMO HOMBRE, GANA COMO MUJER

Lo que los hombre saben del éxito que las mujeres tienen que aprender

-GAIL EVANS-

AGUILAR

AGUILAR

Juega como hombre, gana como mujer
© Gail Evans, 2013
Título original: *Play Like a Man Win Like a Woman*
Piblicado en inglés por Broadway Books.

De esta edición:

D. R. © Santillana Ediciones Generales, S. A. de C. V., 2013.
   Av. Río Mixcoac No. 274, Col. Acacias
   C. P. 03240, México, D. F.
   Teléfono (52 55) 54 20 75 30

Traducción: Alejandra Ramos
Diseño de cubierta: ARTPICO, Artpico, S.A. de C.V.

Primera edición: julio de 2013.
Primera reimpresión: octubre de 2013.

ISBN: 978-607-11-2667-2

Impreso en México

PRISA EDICIONES

Para Julianna, Jason y Jeffrey

Índice

6. SEIS COSAS QUE LOS HOMBRES SÍ PUEDEN HACER EN EL TRABAJO PERO LAS MUJERES NO

7. ÉL ESCUCHA ESTO, ELLA ESCUCHA AQUELLO: DIEZ CONCEPTOS Y PALABRAS DEL VOCABULARIO PARA LA UNIFICACIÓN DE GÉNEROS

En lo que se refiere a modelos a seguir, fui muy afortunada. Crecí pensando que una mujer podía hacer cualquier cosa: convicción que heredé de mi madre. En el exterior, ella parecía una mujer convencional, un ama de casa de los suburbios que atendía su hogar y la carrera de su esposo. Sin embargo, al mismo tiempo, siempre me transmitía el mensaje de que la mujer es responsable de su propia vida y de que ella tenía que vivir la suya al máximo.

Y así lo hizo. Además de brindarle una atención excelente a su familia, también ayudó a criar a una hermana y un hermano "adoptados". Ambos eran más chicos que ella y venían de una institución local para delincuentes juveniles. Asimismo, daba clases en la Asociación Judía para Ciegos y, como era conductora voluntaria de la Cruz Roja, transportaba a veteranos con problemas físicos y mentales; los llevaba a días de campo y juegos de beisbol.

En la década de los veinte, mi madre fue gerente de una cadena de sombrererías, y renunció a su carrera para casarse. Su energía y confianza en sí misma, sin embargo, nunca la abandonaron. Toda la vida me dio dos instrucciones específicas: debía ser una mujer buena y formal para, así, ser quien yo realmente quisiera ser. Siempre seguí sus consejos al pie de la letra.

En 1963, tras salir de la universidad, inicié una exitosa carrera política y trabajé en el Capitolio y la Casa Blanca. Sin embargo, como mi madre y la mayoría de las mujeres de aquella época, abandoné mi carrera para enfocarme en la de mi esposo. Nos mudamos a Atlanta y luego a la Unión Soviética. Después regresamos a Georgia, en donde crié a mis tres hijos. Ahí me dediqué a la investigación y a las relaciones públicas para empresas internacionales como profesional independiente. En 1980 me integré a CNN, que apenas iniciaba operaciones.

Finalmente, tuve la oportunidad de fundar el primer departamento central de reclutamiento de una cadena (en este caso, se trataba del reclutamiento de los expertos que aparecían en televisión). Luego, cuando se fundó CNN Internacional, mis responsabilidades se extendieron y empecé a cubrir también las operaciones de esta empresa. En 1987, fui nombrada vicepresidenta; dos años después creé *CNN&Co*, el primer programa de opiniones en donde las mujeres discutían los problemas más relevantes del día, en lugar de sólo hablar de "asuntos femeninos". Después de ser ascendida a vicepresidenta superior, desarrollé, en conjunto con otras personas, *Talk Back Live*, el primer programa de noticias interactivo; y en 1996 colaboré de manera fundamental para la producción de *Burden of Proof*, el primer programa diario de opinión en cadenas televisivas sobre temas legales.

Tal como lo hacía mi madre, a lo largo del camino he tratado de brindar mi tiempo a otros. En 1997, el mismo año en que me nombraron vicepresidenta ejecutiva de CNN, el presidente Clinton me designó miembro de la Comisión de Pasantes no Remunerados de la Casa Blanca. Soy miembro del Comité de los 200, del Foro Internacional de las Mujeres y del Panel de Revisión Ciudadano de la Corte Juvenil de Atlanta; impartí un seminario sobre problemas de género en los negocios, en la Escuela de Negocios de la Universidad Emory de Atlanta, y formo parte de los comités de varias universidades y organizaciones sin fines de lucro.

Tengo una hija, dos cuñadas y una nieta, y espero que todas ellas compartan el optimismo de mi madre y mío respecto a ser mujeres.

Si ya sienten ese optimismo, entonces tienen suerte. En las últimas dos décadas he conocido a miles de mujeres, y todas me han dicho que se sienten fuera de lugar en sus trabajos porque, en general, los hombres dictan las reglas y las mujeres sólo las siguen. Siempre he tratado de brindarles a estas mujeres mis mejores consejos, con la esperanza de encontrar algún día un grupo que no necesite escuchar lo que yo tenga que decir.

En una ocasión me invitaron a hablar ante las estudiantes y ex alumnas de la Escuela de Negocios de Harvard. Pensé que, si acaso existía, ese sería el lugar en donde las mujeres habrían conquistado y vencido en los lugares de trabajo.

Pero, tristemente, me equivoqué. La mujeres de Harvard habían aprendido bien sus lecciones de negocios, incluso habían alcanzado altos puestos; sin embargo, también se sentían marginadas. Seguían quejándose de que los lugares de trabajo todavía eran incómodos porque se enfocaban en las necesidades de los hombres y ellas no sabían cómo confrontar la situación.

Fue por eso que decidí escribir lo esencial de todas las conversaciones que tuve con mi madre y de todo lo que les he transmitido a mis cuñadas y a mi propia hija, así como de los cientos de discursos que he dado a grupos de mujeres en todo el país. Aunque la televisión es el medio por excelencia en la actualidad, creo que la mejor manera de transmitir la historia es mediante la letra impresa. En lo personal, siempre pienso que lo mejor que tengo es tan sólo lo que logré aprender del último libro que leí.

Lo que yo quiero que tú tomes de este libro es la capacidad para trabajar en un ambiente de oficina en el que no tengas que decir: "Hoy no obtuve lo que merecía porque no supe cómo participar en el juego como mujer."

Mi mayor deseo es que algún día eliminemos las conversaciones sobre inequidad entre hombres y mujeres en el medio laboral, para que, cuando lleguemos a nuestro centro de trabajo como iguales, lo único que importe sea cómo desarrollemos nuestras tareas.

Introducción

Hace poco participé como oradora en una conferencia de mujeres exitosas de negocios. Después de eso me cayó encima una avalancha de mujeres que querían hacer preguntas y solicitar consejos.

Es lo que siempre sucede en esos encuentros. Yo hablo y escucho. Escucho las mismas palabras una y otra vez: "desconcertada", "enojada", "perdida", "atrapada", "estancada", "abrumada"..., y todas las mujeres me dicen que creen que ya llegaron lo más lejos que se puede en los negocios, pero no pueden seguir avanzando.

Una de las mujeres en la conferencia me comentó que era vicepresidenta de una empresa que forma parte de la lista *Fortune 500*, y llevaba veinte años trabajando ahí. En los últimos cuatro le confirieron dos nuevos títulos de bastante relevancia, pero eso no le ha otorgado mayor poder. Cree que ya topó con pared.

—¿Ya dejaste claro lo que deseas? —le pregunté—. ¿Realizaste alguna acción?

—No —me contestó.

Al igual que muchas mujeres, ella no entiende que cuando tienes una queja seria, no puedes sólo seguir viviendo tímidamente con ella. Tienes que tratar de cambiar las cosas.

Le dije que tenía que actuar.

—¿De qué forma? —me preguntó.

—De cualquiera —le expliqué—. El primer paso te llevará al siguiente. Habla con el director ejecutivo. Comienza a buscar otro empleo. Cualquier cosa. Sólo ¡*haz algo*!

Ella suspiró.

—No entiendo. Ellos saben que estoy haciendo muy buen trabajo. ¿Por qué no, sencillamente, me recompensan por ello?

Si sigue con esa actitud, va a perder el juego.

Es obvio que si no lees las instrucciones al iniciar un juego, no sabrás cómo proceder. Abres la caja y, frente a ti, tienes el tablero, los marcadores y los dados, pero no tienes ni idea de cómo jugar. Si juegas tú sola, puedes improvisar, pero las cosas podrían salir mal. Si juegas con otros, entonces siempre puedes seguirlos y hacer lo que te digan. Pero el problema es que los otros estarán enfocados en ganar, y tú continuarás preguntándote si estás haciendo lo correcto.

No importa si el juego es cróquet, monopolio, hockey o futbol. Primero, tienes que entender las reglas. Así que, ¿por qué habrías de participar en el juego de los negocios de una manera distinta? Los negocios son un juego como cualquier otro, ya sea de mesa, individual o en equipo. Piensa en todas esas metáforas como trabajo de equipo, hacer las jugadas adecuadas, jugar con las cartas pegadas al corazón, elegir a los mejores jugadores, lanzar los dados, hacer una oferta tentativa, subir las apuestas, encontrar al capitán adecuado, poner al equipo en posición, anotar una carrera o un gol.

En resumen, la mayoría de las mujeres tiene desventaja en lo que se refiere a los negocios. Nos vemos forzadas a adivinar, improvisar, farolear (cosa en la que, generalmente, no somos buenas, en el Capítulo 5 lee el apartado "Haz sonar tu propio claxon") y, por todo lo anterior, muy pocas sabemos jugar bien y, todavía menos, disfrutamos al participar en el juego.

¿Pero qué sucede con los hombres? "Ellos no leen los manuales de instrucciones", podrías decirme. Y es verdad. Porque no necesitan hacerlo. La mente masculina inventó el concepto de regla. No es que hayan ignorado deliberadamente a las mujeres o que les desagradara lo que éstas tuvieran que decir. Lo que en realidad sucedió fue que hubo muy pocas mujeres involucradas cuando se construyó y desarrolló la cultura de negocios. Los hombres escribieron todas las reglas por sí mismos porque estaban solos.

Es cierto que las mujeres han dado grandes pasos en el último siglo, pero el avance no siempre ha sido sencillo ni directo. A veces, incluso, ha implicado retrocesos. En la época de escasez de trabajo durante la Segunda Guerra Mundial, por ejemplo, se convocó a las mujeres para que realizaran trabajos de hombres, y lo hicieron muy bien. Pero cuando la guerra terminó, enviaron a casa a Rosie la Afianzaremaches, y las mujeres tuvieron que esperar décadas antes de que llegara otra oportunidad.

Lo mejor que podría decirse es que hemos visto una especie de incremento que se va arrastrando. En la actualidad, hay grandes cantidades de mujeres en los sitios de trabajo; sin embargo, al igual que los árboles en la montaña, a medida que se escala el panorama ejecutivo, hay cada vez menos y menos... hasta llegar a una frontera en donde sólo habrá tan pocas mujeres como árboles de magnolia.

Recientemente, la revista *Fortune* presentó un reportaje de portada sobre las cincuenta mujeres más poderosas de Estados Unidos y, claro, no hay nada de malo en ello. Lo que me preocupó, sin embargo, fue que las posiciones que las mujeres ocupaban —presidentas de grupo, vicepresidentas, fundadoras de sus propios negocios—, no se comparaban a los puestos que un grupo similar de hombres habría ocupado. Todos los hombres habrían sido directores ejecutivos de compañías grandes.

Hoy en día, las mujeres representan más de 46 por ciento de la fuerza laboral de trabajo de Estados Unidos, en tanto que, en 1950, sólo cubrían 29.6 por ciento. No obstante, desde 1999, de los 11 681 ejecutivos corporativos de las 500 empresas más importantes de Estados Unidos, sólo 11.9 por ciento han sido mujeres. En 1998, el porcentaje era de 11.2. Si continuamos a este paso, el número de mujeres en las mesas directivas de las corporaciones de mayor importancia no será igual al de los hombres, sino hasta el año 2064.

El año pasado, solamente 3.3 por ciento de los empleados mejor pagados de estas empresas eran mujeres. Asimismo, de los puestos de mayor nivel corporativo en Estados Unidos, 98 eran ocupados por mujeres y 1 202 por hombres. Además, 496 de las 500 empresas de *Fortune* tenían directores ejecutivos varones. Muchas de las empresas favoritas de Estados Unidos, como General Electric, Exxon y Compaq, no contaban con ejecutivas en absoluto.

También vale la pena mencionar que, incluso cuando logramos llegar a la cima, las mujeres no ganamos la misma cantidad de dinero: las compensaciones para las ejecutivas mejor pagadas se encuentran en un rango de entre 210 001 a 4.96 millones de dólares, en tanto que, las que corresponden a los hombres, van de 220 660 a 31.29 millones de dólares. A final de cuentas, las ejecutivas de mayor nivel ganan un promedio de 68 centavos por cada dólar que recibe su contraparte masculina.

La realidad en el panorama actual de negocios es que una mujer tiene más probabilidades de ocupar un puesto de poder cuando inicia o hereda su propio negocio. Las mujeres no estamos ascendiendo y tampoco nos es fácil llegar al puesto de jefas, lugar en donde se encuentra el verdadero poder del ámbito corporativo de Estados Unidos.

¿Qué puede —y debe— hacer la mujer? La respuesta sería sencilla si, al nacer, tanto hombres como mujeres poseyeran los mismos instintos y se incorporaran a la sociedad de manera similar. Pero no es así. De hecho, el pensamiento más generalizado entre los biogenetistas indica que las habilidades sociales de hombres y mujeres son distintas en esencia y, para colmo, de acuerdo con los sociólogos, son educados de maneras que acentúan esa diferencia.

Permíteme contarte sobre mis tres hijos. Son dos niños y una niña, a quienes me comprometí a criar en un ambiente altamente antisexista. Desde el primer día pude distinguir en ellos discrepancias que tenían base en el género. Por ejemplo, la forma en que tomaban el pecho. Los dos niños se comportaban de manera similar, succionaban hasta quedar satisfechos, luego eructaban, ensuciaban los pañales y se iban a dormir. Era un proceso rápido e indoloro. Fin del cuento.

Mi hija montaba un espectáculo distinto. Succionaba un poco, cerraba los ojos, tocaba, se estiraba, sentía, succionaba, descansaba, trataba de abrir los ojos, balbuceaba, succionaba, tocaba, y así continuaba. Desde el primer momento fue evidente que estaba interesada en tener algún tipo de relación social conmigo. Quería saber quién era yo y en dónde me encontraba. Los niños sólo querían quedar satisfechos.

La crianza también se presenta en las distinciones de género. En un curso sobre asuntos de género en los negocios, en la Escuela de Negocios Goizueta de la Universidad Emory, pregunté a mis alumnos sobre los juegos que tenían cuando eran niños. ¿Cuál era el objetivo del juego?, ¿cuántos otros niños participaban?, ¿qué lecciones aprendieron de aquellas actividades?, entre otras cosas.

Como de costumbre, el jovencito más agudo fue el primero en levantar la mano. "Yo siempre me juntaba con, por lo menos, unos seis niños más", comentó. "Jugábamos cosas como beisbol con la mano, soccer y hockey callejero." Luego añadió: "La pregunta más tonta que hizo fue sobre el propósito. Jugábamos para ganar. ¿Acaso el objetivo del juego no es ganar?"

"Ay, ¡por Dios!", interpuso una joven, quien nos explicó que ella generalmente jugaba con una o, tal vez, otras dos niñas al mismo tiempo, pero no con un grupo grande, y que a ellas siempre les preocupaba más construir una amistad que ganar. Luego nos contó sobre una ocasión en que estaba jugando cartas con dos amigas en un campamento. Una de las niñas estaba a punto de ganar, pero entonces todas inventaron nuevas reglas para no tener que detenerse. "El objetivo era que el juego durara lo más posible", explicó. "Y que todas ganáramos."

El punto aquí no es juzgar si una de estas perspectivas es mejor que la otra, sino señalar que, desde muy temprana edad, los niños y las niñas juegan con reglas diferentes. Pero como los hombres crearon las reglas en el juego de los negocios y, hasta el momento, las mujeres apenas estamos tratando de ser una competencia efectiva, sólo prosperaremos cuando nos familiaricemos con dichas reglas.

Con lo anterior no quiero decir que los hombres estén haciendo algo malo. El mundo de los negocios está dominado por ellos, pero esto no es una crítica ni un juicio: es la realidad. La mayor parte del tiempo la ventaja masculina no se debe a una discriminación consciente a la mujer, es sólo que, como mucha gente, los hombres prefieren rodearse de quienes los hacen sentirse cómodos. Las relaciones entre hombres y mujeres en los negocios no es tan distinta de las que existen entre un cristiano caucásico y un indio sikh, o entre un general del ejército y un pacifista. Los iguales se atraen y las diferencias provocan incomodidad.

Es innegable que nuestra sociedad ha creado una división laboral entre los hombres y las mujeres, e históricamente, uno de los sexos ha tendido más a supervisar ciertas tareas y, por lo tanto, también a escribir las reglas. En los últimos años, sin embargo, esa separación se ha hecho menos clara, debido a que los sexos están pensando en expandir las fronteras tradicionales tanto en el trabajo como en el hogar.

Algunos hombres, por ejemplo, ahora se quedan en casa para criar a los niños. La forma en que criamos a nuestros hijos en nuestra cultura es parte de un sistema determinado por las mujeres, es decir, las reglas de este ámbito fueron escritas por ellas. Para nuestros hijos, sin embargo, podría resultar excelente que los hombres tuvieran un impacto mayor en la forma en que se educa los chicos. Podríamos tener hijos más sanos, por ejemplo y, de la misma manera, nuestras empresas serían más sanas si las mujeres jugaran papeles de mayor importancia en las mismas. Mientras más heterogeneidad haya, más sencillo será producir mejores soluciones para todos.

En las siguientes páginas encontrarás consejos que te ayudarán a diseñar tu propio instructivo personalizado para el éxito. Para ser una jugadora en el ámbito de los negocios, debes conocer las reglas que prevalecen, las que usan los hombres. Este conocimiento, sin embargo, no implica que las sigas al pie de la letra, pero sí es necesario que entiendas cómo es el campo de juego, incluso por si decidieras establecer tu propio juego en algún momento. Si no sabes qué es lo que puedes o no hacer en el campo, entonces no podrás jugar de una forma equitativa.

1

EL OBJETIVO
DEL JUEGO

La acción es el antídoto contra la desesperación.

JOAN BAEZ, cantante folk y activista

Tal como lo dijo aquel joven de mi clase de negocios: "¿Acaso el objetivo del juego no es ganar?"

Pero, ¿qué implica ganar? ¿Ser el director ejecutivo más poderoso? ¿Significa ser el que posee la cuenta bancaria más nutrida? O, ¿gana al que más le temen los demás?

En mi opinión, el objetivo del juego es sentirte increíble respecto a lo que haces. Ése es el parámetro fundamental porque sólo así puedes estar satisfecho, y esa es precisamente la manera de ganar.

En lo personal, yo sé muy bien que mi éxito se debe a que siempre me han encantado mis empleos. Y créeme que no todas han sido actividades bien pagadas en industrias glamorosas: he hecho de todo, desde estar a cargo de la máquina para imprimir direcciones, hasta ir por el café. Pero siempre he podido disfrutar lo que hago sin importar el tipo de empleo.

Cuando mis hijos eran pequeños, por ejemplo, pasé varios años sin trabajar porque quería hacerme cargo de ellos. Para obtener algunos ingresos, conseguí un trabajo de medio tiempo como representante de ventas de una compañía de ropa en el mercado semestral de mercaderías de Atlanta. Estando ahí se me ocurrió inventar un juego: me propuse ver cuánto podía venderle a las tiendas, incluso si no necesitaban mi línea. No habría podido hacerlo de forma permanente, pero fue muy divertido mientras duró. Además, adquirí ropa para mis hijos y para mí a precio de mayoreo.

También puedo decirte que, cuando me lo propusieron, no todo el trabajo realizado en el Capitolio o en CNN parecía emocionante, pero, a pesar de todo, siempre he logrado hacer que lo sea. Por ejemplo, en una ocasión mi jefe anunció que iba a rediseñar el programa de becarios de CNN. Fue justo cuando dos de mis hijos ya estaban en la universidad, y lo último que quería era tener que preocuparme por otros universitarios. Sin embargo, hice que la misión fuera desafiante y adquirí mayores responsabilidades de las que me habían ofrecido, lo cual implicó que me involucrara en el reclutamiento y desarrollo de talento. Con eso le otorgué tanta presencia a mi trabajo, que cuando anunciaron a la nueva vicepresidenta de esa área, le dijeron que tenía que reportarme a mí.

Así pues, el ganador final en el juego de los negocios no siempre es la persona que adquiere más poder, dinero o fama. Más bien, es quien ama su trabajo. Conozco a mucha gente que ostenta títulos importantes pero es infeliz; en cambio, no conozco a nadie que ame su trabajo y no esté contento. Es así de simple.

Y aún hay más: si logras amar tu vida laboral, estarás jugando de la misma manera que lo hacen los hombres. Ellos no salen a un campo de futbol ni entran a una junta importante deseando estar en otro lugar. Tienen entusiasmo y están ansiosos por tener la oportunidad de satisfacer su sed de competitividad.

Amar lo que haces te otorga poder, te hace más lúcida y te brinda la capacidad de convertirte en visionaria. Te ayuda a ser la mejor mujer de negocios que puedes ser. Además, incrementa tus probabilidades de llegar a la cima.

Para algunos hombres, por supuesto, el amor por el juego es sinónimo del gusto por la obtención de éxito material. Es un paradigma esencial de causa y efecto: si pueden llegar a la cima y volverse ricos, lo van a adorar.

Las mujeres no somos tan proclives a gozar el éxito como si se tratara de una identidad aislada. A nosotras nos gusta disfrutar de la vida entera, y eso está muy bien. A diferencia de los hombres, no tenemos la tendencia a dividir en compartimentos los distintos aspectos de la existencia cotidiana (en el Capítulo 5, ve "Piensa en pequeño"), y es por eso que nos cuesta tanto trabajo entusiasmarnos cuando aceptamos un empleo que, intrínsecamente, no es interesante, incluso si alcanzamos a ver la posibilidad de éxito más adelante.

¿Por qué a las mujeres nos cuesta tanto entender la importancia de que nos guste nuestro trabajo? Creo que en nuestra sociedad, a las mujeres se les educa para sentirse cómodas con el papel de protectoras, de quien se encarga de que las cosas funcionen para todos los demás. A nosotras no se nos da permiso de querernos mientras hacemos lo demás, ni de amar lo que hacemos, excepto por las actividades que desarrollamos como proveedoras de cuidados. Apenas en las últimas décadas hemos comenzado a aprender que podemos ser el centro de nuestra propia vida, y eso significa que también podemos comenzar a disfrutar de nuestro empleo con el mismo entusiasmo que lo hacen esos individuos que entran a toda carrera al campo de juego y a la sala de juntas.

Cuando tienes un bebé, cambiarle el pañal no te parece una tarea fastidiosa porque no te enfocas en el pañal, sino en el bebé. Quieres hacer todo por él. Pero en cuanto cumple tres años te enfocas en el pañal, y entonces sí empiezas a entrenar a tu hijo para ir al baño solo.

De la misma manera, cuando estás en una oficina te entrenas para hacer cualquier tarea que te encomienden y la aceptas con resignación. Pero al final de cuentas, si no te sientes bien en tu empleo, sólo estarás aceptando los cambios que lleguen y anularás esa opción a la que yo llamo "posibilidad de crecer".

En conclusión, no puedes practicar ningún juego bien si no lo disfrutas.

2

CUATRO REGLAS FUNDAMENTALES

Siento que hay algo inexplorado en la mujer,
que sólo la mujer misma puede explorar.

GEORGIA O'KEFFFE, pintora

Hace algunos años le pedí a los alumnos de mi curso de negocios en Emory que entrevistaran a ejecutivos exitosos, tanto hombres como mujeres. La tarea tenía como objetivo descubrir las cualidades de los buenos líderes y escribir un reporte, de ninguna manera buscaba convertirse en una discusión sobre género. No obstante, fue difícil no darse cuenta de que las palabras y los conceptos que, tanto los estudiantes como los ejecutivos usaron para describir a los hombres, eran distintos a los utilizados para las mujeres.

Algunos de los términos y conceptos más comunes para describir a los ejecutivos varones fueron: mariscal de campo, ganador absoluto, agresión, presunción, deseo de ganar, tener el poder, de piel curtida, divertirse, y ser parte de un mundo en que los perros se comen los unos a los otros.

Las palabras y frases usadas para referirse a las mujeres son las siguientes: cooperación, participación social, trabajo en equipo, respeto por otros, no competitivas, disposición a compartir el poder, preocupación por la armonía en el grupo, sentimiento de que todas pueden ser ganadoras, querer agradarle a todos, protectora.

En todos los debates que he presenciado sobre hombres y mujeres, siempre hay algunos temas recurrentes y, ya sea justa o injustamente, profesores, estudiantes, hombres de negocios y mujeres de negocios usan el mismo vocabulario.

Naturalmente, en este libro se emplean las mismas amplias categorías que consideran a las mujeres "sociales" y "cooperativas", y que definen a los hombres como "agresivos" y "rudos", porque a pesar de que no todos los hombres aprendieron a jugar futbol, ajedrez o póquer, ni todas las mujeres jugaron con muñecas o ignoraron los juegos de competencia, la mayoría de las personas recibió los elementos culturales de la sociedad, de acuerdo con su sexo.

Ahora bien, conozco a muchos hombres que jamás participaron en deportes ni juegos de competencia cuando fueron jóvenes y, ciertamente, sé que muchas mujeres son más fuertes y competitivas que muchos hombres. Con esto no quiero dar a entender que si eres una mujer que se siente más cómoda practicando rugby que jugando a las muñecas, debas ignorar este libro. Yo, por ejemplo, fui atleta en la preparatoria: toda una portera de hockey de Westchester County, Nueva York.

En un sentido más general, el juego de las mujeres siempre fue, y aún lo es, distinto al de los hombres. Esto se debe a que los hombres y las mujeres están configurados y son educados de maneras diferentes.

Asimismo, trabajamos distinto cuando somos adultos. Es fundamental que las mujeres entendamos estas discrepancias porque, entre más conscientes estemos de ellas, más posibilidades tendremos de acceder al poder. La ignorancia es un infierno, así que el conocimiento nunca llega a ser demasiado.

1

Eres quien dices ser

La participación en cualquier juego significa enfrentarse a una variedad de elecciones, y el juego de los negocios no es la excepción. La única manera en que estarás a salvo será si tomas decisiones desde una posición en la que lo que ostentes sea poder, no debilidad.

Siempre que participo en algún panel, me quedo asombrada al ver la variedad de ámbitos de donde provienen las mujeres. Rara vez han recorrido el mismo angosto y directo camino que los hombres. Verás, el camino de una mujer tiene muchos más obstáculos, en particular, porque nosotras nos enfrentamos a un aspecto de enorme importancia llamado familia. Jamás he encontrado a una mujer que esté tan sola, que no cuente con alguna relación personal importante en su vida, ya sea la que tiene con sus padres, hermanas, hermanos, o con sus hijos. Esto significa que muchas de nosotras vivimos y nos desarrollamos entre las obligaciones familiares y nuestras carreras, y a veces nos vemos obligadas a dejar el trabajo, cambiar horarios o aceptar empleos en otras ciudades.

Los hombres, por lo general, no sienten la divergencia entre quedarse en casa y crecer en la empresa. Lo anterior significa que tu carrera estará teñida por un número mucho mayor de factores, que la de un hombre, que tu juego será más complicado.

Pero no hagas tu vida más difícil: deja de considerarte víctima de este sistema. Una de mis mejores amigas, por ejemplo, ha trabajado veinticinco años en el mismo lugar: un conglomerado de empresas que tiene su base en Boston. Ella es muy exitosa pero ya llegó a ese punto del que no pasará. Se encarga de seminarios para obtener mayores alcances, escribe propuestas y organiza reuniones, pero los hombres la sacaron de los negocios que conforman la línea fundamental. Mi amiga se queja de que no la aprecian, de que su jefe es horrendo y de que el trabajo es aburrido.

—Tus hijos ya crecieron, tienes dinero y tu esposo es un hombre próspero —le digo—. Si eres tan infeliz en ese empleo, déjalo.

Pero entonces ella me mira como si acabara de sugerirle que se fuera de vacaciones a la luna. Aceptó el papel de víctima hace demasiados años y ahora está muy cómoda con él. De hecho, aceptó el papel antes de que alguien de la compañía se lo adjudicara, y ahora a todos les resulta imposible imaginarla de otra manera.

Muchas toleramos el papel de la persona pasiva y dejada, tal vez porque fue el que también aceptó con mucha frecuencia nuestro modelo principal a seguir: nuestra madre. ¿Recuerdas cuando solías levantarte tarde los sábados por la mañana? Papá estaba leyendo tranquilamente el periódico mientras mamá se quejaba: "Tengo mil cosas que hacer, así que te voy a dejar en la clase de ballet camino al supermercado, porque tus abuelos paternos pasarán aquí el fin de semana y no tengo nada para la cena."

¿Pero cuántas de nosotras la escuchamos decir en alguna ocasión: "Si necesitas ir a clase, dile a tu padre. También dile qué quieres cenar, y recuérdale que recoja a sus padres para que pasen el fin de semana juntos. Yo voy a ver a una amiga"?

Las mujeres tenemos la tendencia a vivir quejándonos, a refunfuñar con nuestras amigas e hijas al respecto. Pero, no fue sino hasta hace muy poco tiempo que comenzamos a hacer algo para remediar nuestro problema. Al igual que las mujeres que permanecen en matrimonios abusivos o infelices, a menudo estamos más cómodas si nos quedamos con lo malo por conocido —sin importar cuán desagradable o terrible sea—, y no tratamos de realizar un cambio por medio de acciones que sí pueden resultar más riesgosas en potencia.

En mi opinión, las mujeres tenemos dos opciones: estructurar el mundo conforme a lo que elegimos o permitir que alguien más tome las decisiones en nuestro nombre.

Durante los juegos olímpicos de 1980, se esperaba que el equipo de hockey de Estados Unidos perdiera frente al de la entonces Unión Soviética. Sin embargo, nadie le mencionó esto a los jugadores estadounidenses, quienes estaban convencidos de que eran el mejor equipo del mundo. Finalmente, se repitieron esta idea tantas veces a sí mismos, que las demás personas comenzaron a creerlo también. Para cuando llegó la noche de las finales, su convicción se había convertido en una verdad y, gracias a ello, ganaron la medalla de oro.

Si quieres hacerte cargo de tu propia vida, comienza por enviar precisamente ese mensaje respecto a ti misma. Elige tu objetivo y repítelo para ti en voz alta: "Yo podría ser la jefa de este departamento. Haría un excelente trabajo."

Visualízate realizando las labores correspondientes. ¿Qué se sentiría? ¿Cómo se ve el panorama? Trata de hacer que tus fantasías positivas se vuelvan realidad. El primer paso para volverte exitosa es convencerte de que ya lo eres.

2

No todos quieren el mismo premio

¿Conoces la historia de la pareja que veía a un consejero matrimonial para que la ayudara a salvar su agonizante relación? El esposo decía: "No lo entiendo: tenemos una casa increíble, niños maravillosos, un auto envidiable… ¿Qué es lo que quieres?" Y la esposa contestaba: "Es que no me siento satisfecha." El hombre se exaspera. No tiene idea de lo que eso significa.

Las mujeres exigimos de nuestro empleo una mayor sensación de satisfacción que los hombres. Las recompensas que comúnmente atraen a los hombres, como dinero, poder y prestigio, no necesariamente tienen la misma influencia sobre nosotras.

En la actualidad, las mujeres estamos aprendiendo a prestarle atención a nuestras necesidades de la misma forma que lo hacemos con las de los demás. Esto nos ayuda a describir una nueva noción de libertad e independencia en nuestro ámbito de trabajo. Los empleos ya no tienen que ver con los esposos, los hijos o nuestros padres. Idealmente, tendrían que ver con nosotras mismas.

Pero, ¿podemos lidiar con este cambio? Muchas no tenemos claro lo que deseamos obtener de nuestra carrera. Nos angustiamos —para empezar— sobre si se trata de una carrera o sólo es un trabajo que nos ayudará a tener ingresos adicionales. Nos obsesionamos pensando si tiene un significado verdadero para nosotras o si sólo lo hacemos para complacer a la familia. Tenemos incesantes conflictos internos respecto hacia dónde nos dirigimos, y la ruta nunca parece ser tan directa como esperábamos.

Vivimos en lo que se llama "insatisfacción divina". El trabajo nunca es el adecuado y tampoco la empresa. Ahora bien, este sentimiento es lo que puede mantener a las mujeres inteligentes con los pies en la tierra porque las obliga a esforzarse un poco más. Pero, incluso así, toda esa confusión innecesaria siempre termina siendo un desperdicio de energía.

Para la mayoría de los hombres, en cambio, el empleo no implica algo crucial. Para ellos, los ornamentos del éxito, como título, prestigio y/o dinero, pueden paliar el aburrido y desagradable desgaste cotidiano. Los hombres utilizan las recompensas de alto perfil para lidiar con el trabajo que no les agrada.

Reflexiona en lo que te contaré a continuación. En los muchos años dedicados a hablar en público, con frecuencia me encuentro con el jefe de finanzas de una importante empresa de manufactura, y el hombre siempre me cuenta la misma historia. Empezó en el departamento contable y, lentamente pero con constancia, fue avanzando de un puesto aburrido a otro hasta que, al final, a los sesenta años, recibió su Recompensa de Gloria y obtuvo el empleo que siempre anheló. El señor es muy inteligente y gentil, pero cada vez que me cuenta su vida me dan escalofríos.

A diferencia de aquel jefe de finanzas, las mujeres tenemos mayores probabilidades de encontrar un departamento fascinante dentro de la empresa y permanecer ahí por años. Solemos ignorar las estrellas, las medallas y los anillos de cobre que los hombres consideran indicadores de éxito. Para nosotras, la mayor recompensa puede ser sólo la capacidad de decir: "Me siento genial por lo que estoy haciendo."

Recuerda que amar tu trabajo implica ser la ganadora, pero también debes permanecer alerta para identificar los obstáculos potenciales en el camino. Sin importar de qué juego se trate, si los dos jugadores están en busca de un premio distinto, también la manera en que avancen con el balón será diferente.

Digamos que tú y John empiezan a trabajar el mismo día al mismo nivel. John entra a ventas porque quiere volverse rico, y tú a recursos humanos porque te fascina el comportamiento interpersonal. Quince años después, te das cuenta de que John es vicepresidente y gana 250 000 dólares al año; tú también eres vicepresidenta pero ganas 125 000. Y entonces te preguntas: "¿En qué me equivoqué?"

Pero no, no hay razón para pensar que te equivocaste, siempre y cuando recuerdes que John tenía en mente objetivos distintos a los tuyos. Las recompensas para un vicepresidente de recursos humanos son diferentes a las de un vicepresidente de estrategias de mercado. El título de "vicepresidente" no tiene un salario específico incluido. Todo depende del valor que la empresa le asigne a ese puesto.

Si elegimos sentirnos satisfechas con lo que hacemos, y no sólo con lo que ganamos, entonces no estamos jugando de la misma manera que ellos. Probablemente piensan más en el éxito material o en el poder, que en la satisfacción personal. A mí me fascina la noción que las mujeres tenemos del trabajo, porque es una visión mucho más integral. Sin embargo, debemos estar conscientes de que, en muchas ocasiones, nuestras decisiones no serán compatibles con la cultura de negocios orientada al sexo masculino, y si decidimos seguir nuestro propio camino, tal vez tengamos que sufrir las consecuencias.

Si decides no jugar con las reglas de los hombres, debes saber cuáles serán las consecuencias. En ocasiones he decidido ignorar las reglas de manera consciente, pero sólo lo hice cuando estuve segura de que me sabía las reglas al derecho y al revés, y entendía que, cuando mis colegas varones vieran que había tomado una decisión contraria, podrían perder fe en mi capacidad de trabajar en equipo. Para tomar una decisión así, debes estar bien informada.

3

El trabajo no es una hermandad

Hay un nuevo juego en CD-ROM llamado Starfire Soccer. Dice ser el primer juego deportivo diseñado pensando exclusivamente "en las mujeres". ¿Qué quieren decir los fabricantes con esto? Se trata de un juego en el que las relaciones son tan importantes en la acción como patear la pelota a la red. En el material de empaque se puede leer: "Ganar no solamente tiene que ver con el marcador final, también con la amistad y la diversión."

Los juegos para hombres, sin embargo, siempre tienen como objetivo ganar. La amistad no entra en juego o, por lo menos, no mientras se juega. Las relaciones comienzan cuando el juego acaba.

Dicho llanamente: las mujeres entran al campo de trabajo con una necesidad mayor de formar y conservar relaciones que los hombres. Sin importar si hablamos con el empleado de la tintorería, con una cajera o un jefe, siempre queremos conocer la historia de vida; queremos intercambiar sentimientos y transformar a esa otra persona justamente en eso, una persona, para que deje de ser tan sólo el otro participante de una transacción.

Innumerables estudios han demostrado que las mujeres tendemos a hacer amistades cercanas y conservarlas en mayor medida que los hombres. En esta nueva era de negocios, en la que conservar a los clientes y brindarles servicio es tan importante, la disposición que tenemos la mujeres a fomentar relaciones sólidas puede representarnos una ventaja importante. Tener talento para trabajar con otras personas significa hacerlas sentir cómodas, ganarse su confianza y, probablemente, saber escuchar. Es asombrosa la frecuencia con que la gente nos dice con exactitud lo que necesitamos saber, pero para entenderlo, debemos aprender a escuchar más allá de nuestros diálogos internos.

La habilidad para relacionarnos que tenemos las mujeres puede ser el secreto de un éxito de mayor envergadura. Conozco a una mujer que llegó a la cima de una empresa de publicidad dominada por hombres, no sólo gracias a su talento profesional, sino al hecho de que, cada vez que surge un problema en las relaciones entre cliente y agencia (o, más a menudo, entre los principales jugadores de la empresa), ella es la persona en quien todos confían. Se puede decir que se ha convertido en la gran conciliadora cada vez que los jugadores más importantes no se hablan entre sí. Su peculiar combinación de habilidades la convierte en parte invaluable de las operaciones de la empresa.

Por otra parte, recuerda que ser proclive a las relaciones también implica riesgos. Por ejemplo, las mujeres solemos interpretar información básica en términos personales. Digamos que el jefe habla contigo en el vestíbulo y, en ese momento, parece estar convencido de tus ideas para reestructurar el departamento. De repente se disculpa. Sospechas que cambió de parecer. Después de todo, tus ideas no le agradan. Pero en realidad, sólo tenía que ir al baño.

He visto a mujeres adecuar tanto la oficina a su gusto personal, que no contratan a gente que no les agrada, ni siquiera si se trata de alguien idóneo para el trabajo. También he visto a otras mujeres infligir heridas mortales a sus propias carreras porque se niegan a colaborar con una persona por quien sienten alguna aversión. Tus compañeros de trabajo no son tus amigos ni tu familia. No los eliges, y no importa quién te agrada y quién no. Tan sólo tienes que trabajar con ellos. Algunas de las personas más exitosas que conozco simplemente se niegan a tener cualquier tipo de contacto social con sus compañeros de trabajo.

Las personas a las que conoces en el ámbito laboral pueden ser conocidos agradables o individuos con quienes tengas una buena relación de trabajo, pero la palabra clave siempre será *trabajo*.

Tomar las cosas de manera personal ocasiona problemas. Un hombre que corre por el campo de juego con un balón entre las manos sabe que debe llegar a la meta y, para llegar, tacleará a quien se atraviese en su camino. El hecho de que el defensa sea su amigo no significa que no le incrustará los tacos de sus zapatos en la pierna, si tiene que hacerlo.

Cuando fuimos niñas, a muchas de nosotras nos inculcaron que para obtener lo que queríamos debíamos ser encantadoras con la otra persona, fuera amiga, maestra o padre. Si hacías sentir bien a papá, accedería a tus deseos. Pero en la oficina, por lo general te dan un sí sólo cuando tu propuesta lo amerita, no cuando lo ameritas tú. Tal vez el individuo que te dará luz verde ni siquiera te conoce. Por desgracia, nosotras no siempre entendemos cómo es posible que alguien con quien no tenemos una relación personal pueda respetarnos. Conozco a muchos hombres que ocupan puestos muy importantes y se desagradan inmensamente entre sí; sin embargo, cuando se sientan en la sala de juntas, te darán la impresión de que son siameses. Sus sentimientos personales no importan ahí. No les importa agradar, sólo quieren ganar.

¿En dónde y cómo comienzas a cambiar la forma en que haces negocios? Entrenando, como en cualquier otro juego. Puede parecer demasiado obvio, pero entre más practiques *el arte de no tomarte las cosas de manera personal*, más natural te será hacerlo. Dicho de otra manera, sólo vas a lograrlo si lo haces.

Las mujeres debemos entender que jugamos en un mundo en el que a nuestros oponentes les han enseñado a esconder sus emociones. Joe Friday del programa de televisión *Dragnet* nunca dijo: "Díganos sólo los hechos, señor." Siempre tuvo que decir: "Díganos sólo los hechos, señora." Si la gente te pide que hables exclusivamente de los hechos y tú comienzas a expresar tus sentimientos, irritarás a todo mundo.

4
Siempre eres madre, hija, esposa o amante

Siempre tuve amigos varones, y ahora sucede lo mismo con mi hija. La sociedad permite, incluso ve bien, que una jovencita juegue con un grupo de jóvenes (si ellos se lo permiten, claro está).

Sin embargo, en la mayoría de los casos, los hombres jóvenes no socializan lo suficiente con ellas para aceptarlas como amigas cercanas. Y por eso resulta poco frecuente —y rara vez aceptado en el entorno social— ver a uno jugando con un grupo de niñas.

Cuando llega el momento en que él, que ahora es un hombre, se mezcle con el sexo opuesto en la oficina, es de esperar que se sienta perdido. Y cuando tiene dudas sobre cómo actuar, él, como la mayoría de la gente, parte de los estereotipos. Es por eso que tiende a pensar que la compañera de trabajo es como su madre, hija, esposa o amante, incluso cuando, evidentemente, no es ninguna de ellas.

Saber esto te ayudará a entender los patrones masculinos de comportamiento. Si un hombre mayor te convirtió en su hija, puedes beneficiarte en un sinnúmero de formas. Entrarás en contacto con personas e irás a lugares que otros no, y tendrás acceso a conversaciones que te darán una noción de cómo se maneja el negocio. Como todo buen padre, papi se hará cargo de ti.

¿Cuáles son las desventajas? Los hombres nunca piensan en sus hijas como iguales (y mucho menos como jefas). Es por eso que, después de algunos años de tener muchas oportunidades, te frustrarás. ¿Y entonces qué haces? Renuncias.

Eso hice cuando me tocó ser la hija; fue uno de los movimientos más acertados de mi carrera. Me entristeció dejar el empleo pero, como tenía claro que avanzaría, me salí con mucho, mucho cuidado. Recuerda que es importante conservar el apoyo de tu figura paterna cuando te vayas, porque puede ser de gran ayuda en tu carrera, como mentor y consejero. No solamente huyas como niña rebelde. Convéncelo de que gracias a él tú pudiste avanzar y pídele su apoyo.

El papel de la esposa es más difícil de interpretar. Aquí puedes ser aceptada en el empleo como igual (bueno, más o menos), pero también te verás abrumada por la carga, de su verdadero matrimonio, que un individuo puede llevar hasta la oficina. Si está casado con una mujer irritante y tú, sin darte cuenta, usas algún tipo de lenguaje que la recuerde a ella, lo más probable es que te calle de la misma forma que lo hace con su esposa en casa.

En una ocasión, por ejemplo, mi amiga Julie vio a un colega entrar doce veces a la oficina del jefe para hacerle preguntas acerca de un nuevo proyecto, y el jefe ni siquiera se inmutó; pero en el instante en que ella le pidió información, le gritó: "Déjame en paz, eres extenuante."

En cuanto Julie escuchó a su jefe decir esa última palabra, con la que normalmente describía a su esposa, se dio cuenta de la forma en que funcionaba su mente. Por eso no tomó la confrontación como algo personal. Sabía que, a pesar de las desventajas, había algunas cosas buenas acerca de ser la esposa. Por ejemplo, su jefe a menudo la interrumpe en las reuniones porque da por hecho que él puede explicar lo que ella está a punto de decir. Aunque esto es frustrante, incluso vergonzoso, Julie sabe que, en otros momentos y lugares, tendrá la oportunidad de pasarle a su jefe la información que ella quiera transmitir porque posee el equivalente a la conversación íntima de pareja; es decir, a diferencia de sus colegas, quienes sólo tienen las juntas para hablar de sus ideas, ella tiene la ventaja de hablar con su jefe en privado.

En esencia, cuando descubres que eres la esposa de alguien, debes encontrar maneras de hacer que esto te beneficie porque, de lo contrario, si se llega a ser demasiado agobiante, tendrás que divorciarte.

El de la madre es un papel tradicional. Es la secretaria que ha trabajado treinta y siete años en la empresa, la mujer que ha sido editora de la ciudad por tres décadas, la ejecutiva que tiene el mismo puesto desde 1975. Es quien da la bienvenida a la gente a la empresa, se asegura de que los hijos del nuevo vicepresidente hayan enviado su solicitud a la escuela correcta, y se sabe las reglas de la oficina al derecho y al revés porque probablemente escribió por lo menos la mitad de ellas.

Lo malo de ser mamá es que las madres sólo tienen poder en secreto. Logran que las cosas sucedan sugiriéndolas y por medio de la manipulación. La ventaja es que ningún jefe puede despedir a su madre. Si te agrada ese papel, será tuyo para siempre. Las madres se marchitan en un lugar seguro hasta retirarse.

En la medida en que mujeres más jóvenes y ambiciosas se han ido incorporando a la fuerza laboral, también ha surgido el nuevo papel de la amante. En este caso, te conviertes en alguien que corre riesgos, que toma decisiones y que se une a la estructura del poder. Sin embargo, debes ser muy cuidadosa porque caminas sobre la cuerda floja de la tensión sexual. Muy pocas nos conocemos lo suficientemente bien para no dar un tropezón cuyas consecuencias para una carrera profesional podrían resultar bastante severas si llegan a descubrirte. Podrías perder el empleo y tu reputación (ver en el Capítulo 6, "Ellos pueden tener sexo. Tú no").

CONSEJO

Cuando estés con tu esposo acostúmbrate a la idea de que, sin importar tus logros, para sus colegas siempre serás la Señora de Fulanito. Hace muchos años acompañé al que entonces era mi esposo a la reunión anual de *Fortune 500*. Él iba a dar un discurso muy importante.

El director ejecutivo nos invitó a sentarnos en su mesa, con otros ejecutivos de la empresa y sus esposas. Después de presentarme, le dije a qué me dedicaba, y me preguntó cuántos hijos tenía. Entonces hablé acerca de un importante asunto relacionado con su negocio, y él me dijo que su esposa y yo llevábamos vestidos del mismo color. A partir de ese momento sólo me comporté como la esposa callada.

Un poco más tarde, los ejecutivos comenzaron a discutir un caso de tráfico de información privilegiada. De inmediato me di cuenta de que era un tema demasiado delicado que no debía ventilarse frente a una desconocida y, mucho menos, si ésta era periodista. En ese momento me puse de pie para retirarme.

Pero antes de abandonar la mesa le entregué al director ejecutivo mi tarjeta. Le dije que, aunque aquella noche sólo era la esposa de un directivo, él debería ser más cuidadoso porque en el ámbito de los negocios ahora también había mujeres. A la mañana siguiente me envió dos docenas de rosas, agradeció mi discreción y juró que jamás volvería a cometer el mismo error.

3

PREPÁRATE
PARA JUGAR

Ya había notado desde hacía tiempo que la
gente que lograba cosas rara vez permanecía
inmóvil para que los sucesos se acercaran a
ella. Era gente que daba un paso al frente y los
provocaba ella misma.

ELINOR SMITH, aviadora y escritora

1

Conoce el campo de juego

Imagina que participas en una partida de ajedrez. ¿Utilizarías un tablero de backgammon? No. Pero, metafóricamente, es lo que hacen muchas mujeres.

Todos los juegos se llevan a cabo en un campo de acción estructurado. Si es futbol, estamos hablando de un campo de cien metros. Si se trata de damas chinas, se requiere un tablero con el patrón de una estrella. En el monopolio se sigue un camino a lo largo del perímetro de un cuadrado; la pista para *roller derby* es redonda. Piensa en cualquier juego —avioncito, rugby, scrabble—, y entonces sabrás de qué terreno hablamos.

El juego del trabajo también se desarrolla en un tablero o campo que, por tradición, tiene la forma de un triángulo o pirámide. En la parte inferior se encuentra el mayor número de gente y, conforme se avanza, más angostas se hacen las filas, hasta llegar a la cima, donde solamente hay una persona.

La ventaja de la estructura piramidal es que tiene una línea clara de autoridad de la base a la cima. Todo mundo sabe quién tiene la sartén por el mango, y quién no.

La desventaja es que no permite que haya retroalimentación honesta y en una cantidad adecuada. En esta estructura, al cumplimiento se le recompensa con crítica constructiva. Se evita correr riesgos, y la gente que siempre dice *sí* es la que tiende a prosperar.

El problema para la mayoría de las mujeres es que entramos al ámbito de los negocios con una noción distinta del tablero o campo de juego. Nosotras nos sentimos más cómodas con el concepto de un círculo; es decir, la forma que representa el círculo de amigos que hacíamos de niñas. Cuando jugábamos a la casita, teníamos largas discusiones acerca de dónde colocar cada mueble o cuál habitación llenar primero. Todas éramos iguales o, en otras palabras, no había capitán en la casa de muñecas.

Debido a que todas tenían la libertad de hablar con las demás, el círculo generaba canales de comunicación abierta. Ninguna sentía que no pudiera contribuir o que sus ideas no tendrían resonancia en alguien más.

En el ámbito de los negocios, sin embargo, el círculo puede representar un problema. Con mucha frecuencia, las mujeres que recrean estos círculos de poder e información se quedan empantanadas en el exceso de aportaciones que reciben en ellos. Y debido a que no es posible darle buen uso a toda esta información, surge la infelicidad. "La jefa siempre dice que quiere oír lo que tengo que decir", dicen los típicos reclamos, "pero nunca me hace caso. Entonces, ¿para qué pide mi opinión?"

En realidad, el principal problema de las mujeres no son las ventajas del círculo sobre el triángulo o viceversa, sino tener que adaptarse a la estructura de la empresa. Así es, de la misma manera en que tienes que usar un tablero de backgammon cuando participas en este juego, si tu empresa tiene una estructura piramidal típica, entonces deberás jugar en una pirámide.

Es cierto que a nadie le gusta pensar que tan sólo es una pieza más insertada en un tablero sin vida; pero a los hombres esto no les molesta tanto y, por lo mismo, no tienen empacho en dar por hecho que tú eres una de esas piezas. Ellos incluso esperan que actúes como tal, y en este caso, las etiquetas son lo único que da claridad. Si eres vicepresidenta, actúa como vicepresidenta, habla como vicepresidenta y realiza el trabajo que le corresponde a ese cargo. Aquí no hay problemas de relaciones. Las dificultades tienen que ver con el tablero.

Tú estás colocada a cierto nivel en la pirámide y debes responder de manera pertinente.

Conozco a una mujer que trabaja en una importante empresa de bienes de consumo. Tuvo una excelente idea para un nuevo producto y pasó bastante tiempo desarrollándola con sus colegas más cercanos. Sin embargo, el concepto nunca despegó. ¿La razón? Mi amiga no se detuvo a pensar que en la cima de su empresa había una pequeña estructura de hombres que tomaban las decisiones finales. En lugar de buscar apoyo, confió solamente en su círculo de relaciones y no entendió que debía reclutar en ese círculo a uno de los hombres de la cima de la pirámide para que comprara su idea y para que, cuando surgieran las dificultades, hubiera alguien que la protegiera. En esencia, su idea no se concretó porque perdió de vista el hecho de que una buena idea nunca es más fuerte que la estructura que debe apoyarla.

Siempre he sentido que el mejor paradigma para el juego de los negocios es el de un círculo superpuesto sobre una pirámide. Esta configuración permitiría que hubiera interacción en todos los niveles de personal, pero también ofrecería una noción clara de la jerarquía.

Una de las perspectivas que me interesa que las mujeres apliquemos en el juego es la de encontrar una forma de aprovechar nuestra inclinación a las relaciones. Mientras tanto, si trabajas en un marco jerárquico tradicional, sólo puedes pensar de forma circular si la gente que está en los estratos superiores ya te otorgó la libertad para hacerlo.

2
Analiza la cultura de equipo

Hasta hace apenas unos meses, Jane era una ejecutiva con alta posición en una importante compañía de medios. Llevaba muchos años trabajando ahí y era reconocida tanto dentro como fuera de la empresa. Por eso, cuando renunció para unirse al equipo de una organización local sin fines de lucro, sorprendió a todos menos a quienes la conocían bien y que, en realidad, se preguntaban por qué se habría tardado tanto tiempo en irse.

El problema de Jane: tenía opiniones políticas muy fuertes y la posición de su empresa era, por lo general, antagónica a dichas opiniones. Jane tenía un buen salario y poder real, pero siempre se sintió incómoda porque no podía separar sus creencias personales de la visión de su empresa. Ahora gana menos dinero, pero trabaja para una organización que respeta.

Muchas creemos que los valores de la compañía son tan importantes como nuestros empleos; tanto que, yo, en lo personal, ni siquiera me imagino trabajando para una empresa en la que no creyera.

Los hombres dividen su trabajo en secciones (ve en el Capítulo 5, "Piensa en pequeño"), de la misma forma en que lo hacen con su vida: éste es mi salario, éste es mi empleo, ésta es mi familia, éste es mi sistema de creencias.

Las mujeres, en cambio, nos preocupamos por el paquete completo. Queremos que todo en nuestra vida esté bien, no sólo el salario, el poder o el prestigio. Si vas a ser exitosa, debes sentirte cómoda en el lugar en que trabajas. En cuanto cruces la puerta para que te hagan una entrevista de trabajo, acepta que podrías estar a punto de iniciar tu próxima relación laboral. Ya has tenido relaciones personales con amigas, novios, parientes, etcétera. Pero la empresa podría ser la siguiente.

Hazte preguntas acerca de tu empleador en potencia: ¿La empresa hace algo a lo que me pueda sentir vinculada? ¿Me agrada su imagen pública? ¿Representa algo que yo misma pueda respaldar?

Hace muchos años, cuando ganaba 27 500 dólares al año, me ofrecieron un empleo como productora en un *talk show* en Hollywood. El salario era de 125 000 dólares al año, y esta cifra fue tan sólo la que se mencionó en la primera conversación. Yo apenas si podía imaginarme cuán grande sería una suma así. Sin embargo, el programa era de mal gusto y, entre más le daba vueltas a la idea, menos me impresionaba la cantidad de dinero.

Sabía que si no adoraba mi trabajo, mi desempeño no sería excelente, por eso rechacé la oferta. Esto no quiere decir que en CNN no tenga una gran cantidad de malos momentos, pero, en resumidas cuentas, sin importar lo que ha sucedido, me siento genuinamente orgullosa de lo que hago y de lo que la empresa representa. Puedo decirle esto a una audiencia nutrida o a mí misma, y sé que es verdad.

La cultura de la empresa es más importante que el puesto mismo. Estarás más feliz con un empleo promedio en un lugar que te encante, que con el empleo ideal en un lugar que odies.

También estarás más contenta en un lugar en el que te puedas sentir cómoda. Nosotras tendemos a asumir roles en nuestro trabajo, de la misma forma en que lo hacemos mediante las relaciones personales. Piensa en quién vas a ser. ¿La oveja negra? ¿La hermana menor? ¿La tía soltera? ¿La hija despreocupada? ¿La confidente? Por lo general, tus relaciones fuera del trabajo son las que dictan en quién te convertirás en la oficina.

Sin embargo, a diferencia de tu familia real, aquí sí tienes opciones. Examina con detalle una nueva empresa. Pregúntate si ofrece una relación de la que gozarías. ¿Éstas son las personas a las que quieres ver todos los días? En lo personal, sé que si fuera a una entrevista de trabajo a una oficina en la que todas las mujeres usaran trajes negros con blusa blanca de cuello con adornitos y zapatos de tacón de aguja, saldría de inmediato por la puerta. No es el tipo de uniforme en el que me sentiría cómoda. Además, sé que cualquier cosa que motivara a ese tipo de gente, a mí me haría bastante infeliz.

También creo en una política de puertas abiertas en el trabajo, y me molesta que mis colegas se encierren. Para mí, es un estilo de trabajo que en realidad dice: "Aquí no se comparte." Así que, si pasara por el corredor y viera que todo mundo tiene la puerta cerrada, también me iría de ahí de inmediato.

¿Te agrada el ambiente de trabajo que ofrece la empresa que te podría contratar? ¿Es atractivo? ¿Te podrías sentir cómoda ahí? ¿La gente tiene privados o todos trabajan en área común? Conozco a una ejecutiva de alto nivel que rechazó un trabajo de muy alto nivel porque no podía resignarse a entrar manejando al complejo industrial más des-agradable del universo todas las mañanas.

Incluso en esta época de enormes conglomerados, las empresas tienen personalidades distintas. Si trabajas para General Electric, sabes que los valores de Jack Welch, su director ejecutivo, son lo que deter-minan la cultura de esa compañía. Michael Armstrong hace lo mismo en AT&T, Lou Gerstner en IBM; y Oprah Winfrey en Harpo Inc. Incluso en el caso de las pequeñas empresas, el director ejecutivo es quien de-fine la personalidad.

Descubre la cultura corporativa. Utiliza tus habilidades para rela-cionarte. Es probable que la persona que te entreviste tenga una asis-tente. Entabla relación con ella. Como lo más seguro es que tengas que esperar antes de la entrevista, trata de averiguar qué piensan las otras mujeres acerca de la empresa, el empleo y el jefe. Cada vez que voy a entrevistar a alguien nuevo, mis asistentes siempre entran antes a la oficina con el pulgar hacia arriba o hacia abajo para hacerme saber lo que opinan del solicitante.

La recepcionista tiene nombre: úsalo. Aprovecha su atención. Es probable que te ofrezca una bebida: acéptala. La mayoría de las mujeres no aceptan porque creen que la otra mujer se sentirá degradada; la mayoría de los hombres sí lo hace porque saben que ofrecer una bebida es parte de su trabajo, tanto como la labor del aguador es ir por agua en el campo de juego.

La recepcionista te trae café. Agradécele y aprovecha la oportunidad que surja para establecer una relación. Debo admitir que a mí me tomó años aceptar una taza de café. Pero ahora, como prefiero el té, lo que hago es que le pido a la mujer la taza de agua caliente y le digo que no se preocupe por la bolsita de té porque traigo varias en la bolsa. Eso siempre ayuda a iniciar una conversación. Con frecuencia ella también bebe té y, si no, su madre lo hace. ¡Relación instantánea!

Camina por los pasillos. ¿La gente se ve feliz? ¿Es amigable? ¿Las personas parecen ser de tu tipo? Haz un viaje relámpago a la cafetería o la sala de descanso, compra una taza de café y escucha. ¿La gente se queja? ¿Se ve infeliz? ¿Te agradaría comer con esas personas?

Muchas de nosotras invertimos una gran cantidad de tiempo y atención en aprender acerca de los otros ambientes que son fundamentales en nuestras vidas. Si enviamos a nuestro hijo a la escuela, siempre queremos saber todo acerca de ésta. ¿Los salones están bien equipados? ¿Hay una buena proporción maestros-alumnos? ¿La escuela tiene buena reputación? Seríamos capaces de hablar con docenas de madres para aclarar nuestras dudas. Conozco mujeres que pasan meses investigando todo sobre un posible destino para sus vacaciones, y otras que no comprarían una casa hasta no acampar casi, prácticamente, fuera de ella.

Tu relación con el lugar de trabajo es una de las más importantes de tu vida, así que, asegúrate de hacer la tarea.

3

Haz que te elijan para el equipo

Hace poco tiempo una amiga me contó sobre su hijo, quien estaba tratando de ser elegido para el equipo escolar de basquetbol. Como es considerablemente menos alto que sus compañeros de clases, organizó una demostración de tiros para comprobarle al entrenador que esa habilidad compensaba su falta de altura. Durante dos años practicó muchos días por varias horas en la canasta de su casa. Su estrategia funcionó: le dieron el puesto de guardia

Aquella noche, cuando el joven le dio la buena noticia a su familia a la hora de la cena, su padre quedó encantado. Sin embargo, su hermana lo miró con el menosprecio que sólo una hermana menor puede exhibir, y le dijo: "A mí no me gustaría unirme a un equipo que no me quisiera desde antes."

Ahora lleva esta situación a la entrevista de trabajo. El individuo típico, que sabe lo que se siente quedarse en la banca en espera de entrar a jugar, llega preparado para venderse. Cada uno de sus movimientos dice: "Vamos, entrenador, déjeme entrar al juego."

Pero las mujeres, en cambio, nos pasamos la vida esperando que nos tomen en cuenta. Nos enseñaron que es de mejor educación esperar que nos pidan las cosas: para salir con alguien o participar en clase. (Por eso no es sorprendente que los estudios hayan demostrado que es doblemente probable que las chicas levanten la mano en clase si no hay varones en el salón.) A nosotras no nos enseñan a vendernos como lo hacen con los hombres.

Pero eso es justamente lo que debes hacer en una entrevista de trabajo. Incluso si es tu primer empleo y lo único que puedes decir de ti misma es que eres una persona organizada y trabajadora: hazlo. Déjale ver al entrevistador lo precisa que puedes ser.

Recuerda que te vas a estar topando con los estereotipos masculinos-femeninos todo el tiempo, así que mantente alerta. El primero aparece antes de la entrevista: puntualidad. Los hombres llegan tarde, tanto como nosotras; sin embargo, el cliché del hombre que se retrasa no forma parte tan importante de nuestra cultura como el de la mujer que siempre llega tarde porque su vida la abruma tanto, que no puede organizar su tiempo.

Si dices una mentira, no esperes salirte con la tuya. Yo no le creo a la gente que justifica su tardanza con el pretexto de que estuvo involucrada en un accidente. ¿Por qué están sentados frente a mí sin una mancha ni una señal de preocupación en el rostro? ¿No deberían estar en el hospital o en la estación de policía?

EL PROBLEMA

Cuando las mujeres actuamos de tal forma que confirmamos los estereotipos, se nos cierran las puertas de golpe. Es todavía peor cuando dichos estereotipos golpean en un punto neurálgico. Por ejemplo, si la esposa de tu entrevistador siempre llega tarde, y tú te retrasas diez minutos, estará tan enojado contigo como lo estaría con un solicitante varón que hiciera lo mismo.

UNA BUENA ESTRATEGIA

Haz un trabajo de investigación. Ve al lugar de la entrevista un día antes para no perderte. ¿El sitio se encuentra cerca de donde se producen embotellamientos constantemente? ¿Qué hay del estacionamiento? ¿Hay lugares adecuados y suficientes?

También hay otros estereotipos que entran a la oficina contigo. Los juegos para hombres normalmente enseñan a desarrollar la fuerza física, los juegos para mujeres, no. Es por eso que los hombres tienen una capacidad mayor para entrar con confianza a un lugar, sentarse y lucir íntegros.

Con esto no quiero decir que debas entrar a la entrevista como jugadora de futbol, pero tampoco es conveniente que seas tímida. Encuentra la manera de rebosar confianza y presencia física. Cada uno de tus movimientos es importante. Por ejemplo, si al extender la mano para estrechar la del entrevistador da la impresión de que es un trapo de cocina mojado, ya estarás haciendo una declaración con eso. El otro día noté la importancia de este hecho cuando entrevisté a una comentarista de noticias que quería el puesto de presentadora. Cuando estreché su mano, sentí una sujeción sólida, y eso me predispuso a escucharla con más atención. Supe que tenía frente a mí a una persona íntegra. Hay muchas mujeres que no estrechan con decisión la mano de sus interlocutores. En parte, porque no se sienten cómodas al mostrar fuerza física, pero también estoy segura de que nuestra experiencia al tomar la mano de un hombre, se encuentra influida por lo aprendido cuando salíamos en una cita. Tomar la mano de nuestro novio era, por lo general, un momento de pasividad, incluso de sumisión.

Cuando conoces a alguien, ¿haces contacto visual? Como a las mujeres nos enseñan a ser discretas, rara vez penetramos con la mirada. Además, por la forma en que nos educaron respecto a la intuición y las relaciones personales, a menudo evitamos mirar de forma directa a otras personas porque nos parece que es grosero.

O quizá sólo nos da miedo saber la verdad. "Mira a un hombre a los ojos, y sabrás si te ama", solían decir nuestras madres. Muchas mujeres me han dicho que evitan el contacto visual con los entrevistadores porque temen descubrir que el trabajo no será para ellas

Recuerda que algunos entrevistadores se comportarán muy bien y otros serán nefastos contigo. Es un hecho de la vida laboral, pero no hay razón para creer que cometiste algún error. Si la entrevista realmente fue espantosa, entonces quizá esa empresa no sea el lugar indicado para ti.

Ese hombre que te escudriña con la mirada busca a alguien que pueda hacer la diferencia en el equipo, que tenga las habilidades que compensen sus debilidades actuales. Si muestras seguridad y confianza en la entrevista, le estarás haciendo saber que tú puedes hacer lo necesario.

Los negocios y los empleos en esencia son una larga entrevista, así que más vale que aprendas a enfrentar esta situación desde ahora.

PISTA PARA EL JUEGO

Con frecuencia, las mujeres pensamos que para conseguir un empleo debemos ser más inteligentes que los hombres; pero si eres demasiado sagaz, podrías causarte más daño que bien. Es posible que si llegas con una lista de Temas de Importancia que quieras destacar, termines preocupándote tanto por presumir lo que sabes, que no escuches la conversación con cuidado.

4

Viste el uniforme adecuado

Para los hombres es más sencillo vestirse para el éxito. En principio, ellos ya tienen uniforme: el traje. Esto significa que cuando se presentan ante un empleador en potencia, él no mira su atuendo. Sólo se enfoca en la personalidad, la forma en que estrechan la mano y el currículum. (En CNN siempre decimos en broma, que la única prenda que se pueden cambiar los presentadores varones es la corbata.)

El guardarropa de una mujer, por lo contrario, es parte vital de nuestra presentación, y le dice a nuestros colegas todo respecto a nosotras. ¿Quieres que los demás piensen que eres ineficiente en el trabajo o iconoclasta? ¿Eres creativa, sociable y confiada? ¿Eres conservadora, tímida y demasiado preocupada por la imagen que das? Tu guardarropa tiene el poder de transmitir todos estos mensajes y, a medida que vayas subiendo por el escalafón hacia los puestos directivos, podría convertirse en una ventaja para el lucimiento o actuar en tu contra.

El mensaje principal que transmite tu ropa es: estoy vestida como se debe. Estoy lista para jugar. Visto el uniforme apropiado para alcanzar mi objetivo.

Una vez que seas parte del equipo, busca tu nivel personal de comodidad. Yo utilicé vestidos durante años, pero ahora prefiero trajes sastre con pantalón que me dan la oportunidad de quitarme el saco durante el día. No obstante, los días de vestir informal, siempre tengo un *blazer* a la mano para verme bien vestida en las juntas importantes que surjan sin aviso. Me gustan en particular los *blazers* con bolsillos grandes en los que puedo guardar la cartera y una identificación por si no quiero cargar la bolsa. En el contexto de los negocios, traer una puede implicar distracción.

La historia de nuestro guardarropa con frecuencia refleja la de nuestras carreras. Conozco a una mujer que, a pesar de ser muy inteligente, parece no avanzar nunca. Tiene sobrepeso y viste como *hippie*, con prendas sin forma, diseñadas para ocultar su cuerpo. Con mucha sutileza, su empresa se ha encargado de alejarla de los puestos de poder y de excluirla de las reuniones con ejecutivos de otras compañías. Entre más distancia hay entre ella y los jefes importantes, más trata de ocultarse detrás de su ropa. Sus temores, que primero se reflejaron en su forma de vestir, ahora son una profecía que se cumple de forma natural

También conozco a una ejecutiva de ventas de una compañía financiera de California que gana muy buen dinero, pero no ha llegado a los puestos que le gustaría. La razón: sus atuendos son atractivos, pero bastante ceñidos. Dejan ver su excelente figura pero son inapropiados; tanto, que sus compañeros varones se sienten incómodos cuando ella está cerca. Un colega me comentó que a él no le agradaba ir a cenas de negocios sólo con ella porque le preocupaba lo que podría pensar su esposa.

La mujer también puede usar su guardarropa como parte de una estrategia. Una abogada que suele cobrar muy bien, me dijo que, entre más difícil es la negociación, más femenina se viste porque quiere que su contraparte se olvide de cuán fuerte puede ser ella. Sin embargo, en un día normal de oficina, siempre usa un traje sencillo con pantalones para mostrarles a sus socios que es una jugadora con tanto poder como el resto.

Entre más alto subas por la escalera, más oportunidades tendrás de establecer tu estilo personal. La Secretaria de Estado, Madeleine Albright, siempre viste un prendedor grande en la solapa. Es el aspecto más notorio de su guardarropa, y su propósito es destacar su estilo personal y su feminidad sin desviarse demasiado del uniforme adecuado para el integrante de mayor importancia del gabinete presidencial.

En resumen: Vístete para el equipo pero hazlo con confianza, creatividad, y dentro de los parámetros de tu comodidad. La ropa no sólo envía telegramas al mundo sobre quién eres, también sobre quién anhelas ser.

PISTA PARA EL JUEGO 1

Nos guste o no, la ropa refleja nuestro estado de ánimo. Muchas tenemos prendas de gorda, de mujer deprimida, de mujer enojada. Por ejemplo yo, cuando más peso, uso más atuendos que resultan poco atractivos. Pero es un gran error porque cuando las prendas de una mujer lucen poco arregladas, los demás piensan que su vida está igual de desorganizada.

PISTA PARA EL JUEGO 2

Una de las reglas más importantes para vestir en televisión es evitar cualquier cosa que pueda distraer, como brazaletes que cuelgan o aretes largos. En los negocios aplica lo mismo. Estos accesorios sólo son adecuados cuando quieres distraer a otros, yo no recuerdo haber deseado eso ni una vez en mi carrera. Podrías estar dirigiendo la reunión más importante de tu vida, estar en el momento de mayor lucidez y verte impecable; pero si tu joyería es demasiado elaborada, será lo primero que note la gente y, tal vez, lo último que recuerde.

5

Establece el objetivo correcto

No hace mucho tiempo, después de presentar un discurso en la Costa Oeste, una mujer del público se me acercó y me contó acerca de su plan de siete años. Entonces era solamente gerente, me explicó, pero en tres años sería vicepresidenta, y cuatro años después vicepresidenta *senior*. Concluyó preguntándome sobre mis planes personales para el futuro.

Le dije que, hasta donde yo sabía, iba a cenar pronto. Pero no creas que trataba de ser cortante: es sólo que nunca he tenido un plan a tres, cinco, diez años, ni a ningún otro plazo. Siempre me digo que, si puedo decir lo que me sucederá en el próximo par de días, entonces la vida es suficientemente buena.

Un plan puede ofrecer la sensación de seguridad. Te da un objetivo tangible, algo que puedes escribir en una hoja de papel para respaldarte. "Dentro de dos años tendré un Gran Título y ganaré 75 000 dólares. En cuatro años quiero un Enorme Puesto y 150 000 dólares. Para dentro de siete años deseo el Puesto Más Importante, quiero que se duplique mi salario, y también quiero un jugoso bono."

El problema es que los objetivos rígidos y los planes a cinco años me recuerdan una de las fallas más terribles de los antiguos sistemas comunistas, la misma que garantizó su caída: los objetivos inflexibles obstaculizan nuevas posibilidades. Ninguna carrera es completamente lineal, las carreras siempre zigzaguean, describen picos, se cruzan y dan vuelta. El rasgo fundamental de un buen jugador es la habilidad para improvisar y apegarse a un plan específico que conduce a un objetivo bien definido, disminuye tu habilidad de improvisación. La mujer que ahora tiene ese maravilloso empleo nuevo, el cual tú ni siquiera solicitaste, probablemente jamás hizo un plan. Mientras tú estabas ocupada pensando en el Paso Siete de tu estrategia, ella aprovechaba una oportunidad que, aunque desafiante, fue peculiar y espontánea.

Muy rara vez se obtiene una gran carrera gracias a una escalera con muchos peldañitos. Si sólo avanzas de pasito en pasito, la escalera se hará eterna. No llegarás adonde deseas de forma acumulativa. En la mayoría de las empresas, la persona que es reconocida como la estrella, es la que realizó un movimiento de verdad importante o la que le ganó la batalla a la oposición. Las estrellas no esperan a que llegue el futuro, sólo hacen que suceda.

Combina buenas jugadas estratégicas con visión. Los objetivos impiden la posibilidad; la visión, en cambio, la crea. Debes tener una noción básica de lo que quieres y de a dónde quieres llegar; luego debes visualizarte ahí. Es lo que hacen los hombres. Desde el momento en que entran al edificio se ven en la silla del Director Ejecutivo. Cada uno de los compañeros varones en mi oficina, siente que es un presidente de CNN en potencia. Pero pocas mujeres hacemos lo mismo: rara vez nos vemos más allá de la mujer más exitosa que conocemos y ésta, pocas veces, es la Directora Ejecutiva.

Tener una visión también significa aprovechar cualquier oportunidad de que las cosas sucedan, desde cambiarte a un departamento que parece fenecer pero con potencial para dar un gran giro, hasta meterte de un brinco a un prometedor proyecto nuevo al que todos los demás le tienen miedo.

Pero también asegúrate de que tu visión tenga un paso similar al de la realidad actual. Jan Leschly, Director Ejecutivo del conglomerado farmacéutico SmithKline Beecham, cuenta cómo, cuando era joven estrella del tenis, tenía el objetivo de jugar en la cancha central de Wimbledon. Practicó y practicó para lograr su meta y, un día, de hecho, jugó contra Rod Laver en la cancha central. Como Leschly bien dice, todo mundo ha escuchado hablar de Laver, pero nadie ha oído sobre él. ¿Por qué? Porque perdió. Su visión no incluía *ganar* en la cancha central, solo jugar ahí. Por eso, tener una visión no es suficiente, debes continuar ajustándola para asegurarte de no limitar tus opciones.

Mi objetivo personal era sentirme bien con mi trabajo, crecer y ser recompensada de manera adecuada por mis contribuciones. ¿Por qué? Porque di por hecho que si hacía bien las cosas, tendría éxito. Jamás he querido no tener éxito. Hace mucho aprendí que si el mariscal de campo te pasa el balón, no te puedes preguntar si vas a anotar: simplemente das por hecho que lo harás.

En lugar de pasarte el día preguntándote: "¿Por qué?", aprende a pasarlo diciendo: "¿Por qué no?"

4

¿CÓMO LLEVAR EL MARCADOR?

No hay ningún punto en el que puedas decir:
"Bien, ya soy exitoso, ahora sí podré tomar una siesta."

CARRIE FISCHER, actriz y escritora

Aquí tienes a Janis, quien ha sido vicepresidenta de una empresa grande durante varios años. Es una fuerte defensora de las mujeres en su industria, y hay más mujeres trabajando en su división que en cualquier otra de la empresa.

La suya también es una de las divisiones más exitosas, pero esto es algo de lo que no podrías darte cuenta sólo con pasear por el área. Las mujeres que trabajan para Janis no tienen las mismas enormes oficinas ni la misma impresionante cantidad de asistentes que los varones que ostentan puestos similares en otras divisiones de la empresa

Pero esto no se debe a que los jefes de Janis la menosprecien. Es sólo que ella nunca solicitó estas cosas porque le pareció que no eran importantes. Janis no exigió una oficina grande porque se sentía mucho más cómoda con una pequeña más de acuerdo con la imagen que tenía de sí misma. Nunca se dio cuenta de que la gente que pasaba por los corredores pensaba que el individuo en el área de mayor tamaño que estaba a su lado, era más importante que ella. No lo era, pero, ¿cómo podrían saber eso los demás?

Para los hombres, todo cuenta. El tamaño de la oficina, de su personal, del salario. En resumen, cuenta el tamaño de todo lo que pueda medirse. Y además, los hombres siempre llevan el marcador. Míralos en las canchas de tenis. A diferencia de las mujeres, quienes a veces dicen "sólo estamos voleando un rato", los hombres siempre comienzan un juego desde el principio. Porque, después de todo, el objetivo es ganar, y eso no es posible si no se sabe quién lleva la delantera. Las recompensas son como tu guardarropa: te presentan ante tus socios de negocios y pueden transmitir una imagen de poder. O no.

Si hacemos un buen trabajo, nos podemos sentir satisfechas cuando el jefe alaba nuestra labor y nos da el aumento correspondiente. Pero si no tenemos sensibilidad para solicitar personal, acciones de la empresa, prestaciones, autos, membresías del club, paquetes de indemnización, análisis garantizado de desempeño, lo más probable es que jamás obtengamos nada de esto.

Hace varios años, después de otorgarme un ascenso, un colega dudaba de si me habían dado autorización para un auto grande o pequeño. Yo no le hice saber que ni siquiera estaba al tanto de que podía recibir dinero de la compañía para adquirir un auto. Cuando investigué un poco más el asunto, me horroricé al descubrir que a todos los demás de mi nivel les habían ofrecido la prestación de un auto mucho tiempo antes. En cuanto me tomé la molestia de averiguar, fui suficientemente sagaz para exigir la prestación para un auto grande. La empresa lo autorizó sin titubeo alguno.

A veces he notado que hay algunos hombres bastante jóvenes en la empresa cuya labor aún no me queda clara, pero al entrar a sus oficinas amuebladas de forma tan espléndida, siempre me quedo pasmada. A veces el lujo se debe a que el joven en cuestión sabe cómo jugar y solicitó una oficina espléndida. En otras ocasiones se debe a que tiene un mentor que quiere que el joven cause sensación. Un mentor hábil se asegura de que los jóvenes de su equipo luzcan poderosos porque eso hace que él también transmita esa imagen.

Hace poco le dieron a un ejecutivo un aumento y le prometieron una oficina cerca de la mía. Pero entonces su jefe pensó que el nuevo lugar no era suficientemente grande, así que hizo que derribaran los muros entre dos oficinas pequeñas para tener un espacio mucho mayor.

Quienes derriban los muros rara vez son mujeres porque, para muchas de nosotras, este tipo de expropiaciones ostentosas hablan de codicia. Y lo peor es cuando otras mujeres fomentan la falta de vigor para exigir lo que merecemos. Ahí estás tú, contándoles a tus amigas del trabajo que a ti y a otros tres individuos les ofrecieron oficinas nuevas, y que una de ellas estaba muy por debajo del nivel de las otras tres. Pero entonces los varones lucharon incansablemente por las tres áreas de mayor calidad y tú terminaste diciendo: "Esto es ridículo, yo me quedo con la oficinita. Puedo colgar unos cuadros bonitos y hacerla lucir bien." Y entonces, las otras mujeres te dan la razón.

No puedo imaginar a una mujer diciéndole a sus compañeras: "¡Me paré en medio, grité y me empeciné hasta cansarlos y hasta que conseguí lo que me correspondía desde el principio!" Si ella hubiera hecho eso, sus amigas habrían pensado: "Debe estar loca."

A veces recibimos bastante apoyo de nuestras compañeras de trabajo cuando queremos hacer lo correcto y, en particular, cuando los hombres se equivocan; pero, ¿es útil todo ese apoyo?

Los varones siempre tratan de dilucidar quién lleva la delantera y quién está rezagado: nosotras no. Eso significa que, mientras ellos llevan el marcador y suman puntos, nosotras quedamos como perdedoras. Pensamos: "Estoy haciendo un buen trabajo, así que no necesito todos estos símbolos de poder", mientras él solo piensa: "Vaya, evidentemente esta mujer ni siquiera ha visto el marcador."

PISTA PARA EL JUEGO

Digamos que estás sentada en la sala de descanso de la empresa tomando una taza de café, y de pronto recibes inspiración para un nuevo proyecto. Se lo mencionas a algunas personas en la mesa. Tú no prestas mucha atención, pero el individuo que está frente a ti está tomando notas.

Luego, en la siguiente reunión para definir conceptos, lo escuchas presentando tu material a su nombre. ¿Truco sucio? En realidad, no. En el trabajo no puedes mirar al árbitro y gritar: "¡Tiempo fuera!" Aquí no existe el tiempo fuera. Todo lo que digas y hagas es parte del juego. Si no estás llevando el marcador, entonces sólo es una práctica, pero los hombres siempre van contando.

¿Cómo llevar el marcador con estilo? Conozco a una mujer cuya inteligencia y pasión la han ayudado a conseguir éxito en el mundo corporativo; pero si vieras su oficina, ni siquiera te lo imaginarías. Como ella sabe que los muebles que tiene ahora continúan funcionando a la perfección, cada vez que los jefes le ofrecen un escritorio cromado, una silla ejecutiva de piel, o un aparador costoso, ella se niega a aceptar. Y como le desagrada trabajar en un espacio que no le es familiar, cuando le sugieren que pinte o cambie la alfombra, ella, con mucho tacto, se niega, a pesar de que los otros ejecutivos de su mismo nivel tienen oficinas con grandes ventanales en una esquina exclusiva del edificio.

Así maneja las cosas en casa también: compra lindos muebles en la tienda de artículos de segunda mano, y los pinta o los vuelve a teñir. Naturalmente, también es una experta en mantener su hogar dentro de un presupuesto.

No es sorpresa, entonces, que su ascenso hacia la cima sea tambaleante. Cada vez que tiene reuniones con otros ejecutivos o vendedores externos, tiene que usar la oficina de alguien más porque es más cómoda; y eso significa que los demás nunca la ven en la posición de poder que le otorgaría sentarse en su propio escritorio mientras dirige la reunión. La gente ha empezado a pensar que mi amiga es un ente raro, una especie de roedor que acumula y se mueve trabajosamente en un cuartito repleto de muebles dignos de estar en la basura.

Si se viera acorralada, probablemente te diría que sus superiores deben estar muy agradecidos con ella por ahorrarle tanto dinero a la empresa. Pero aunque es verdad que su frugalidad ha servido para ahorrar dinero, se trata únicamente de una cantidad mínima: diez por ciento del presupuesto total de su departamento.

Y en mi caso, te puedo decir que siempre he cometido el error de usar muebles reciclados porque siempre me pareció tonto comprar algo nuevo cuando la bodega de la compañía estaba repleta de excelentes escritorios y sillas ejecutivas usadas. Creo que soy una buena mujer que no gasta dinero, pero dudo mucho que alguien más en la compañía esté enterado de, o siquiera le importe, mi costumbre de ahorrar. Tuve que escribir todo este libro antes de comprender que debo hacer mejoras en mi oficina para que suba de categoría.

5

JUEGA EL PARTIDO: CATORCE REGLAS BÁSICAS PARA EL ÉXITO

Una mujer es como una bolsita de té. Nunca sabes cuán fuerte es hasta que la sumerges en agua caliente.

ELEANOR ROOSEVELT, antigua primera dama
y reformadora social

Hace mucho tiempo, cercano el día de mi cumpleaños, comencé a fantasear acerca de los maravillosos regalos que mi esposo podría darme. Como me sentía particularmente romántica aquel frío invierno, recuerdo que soñé con *bouquets* de flores recién cortadas, y en especial, de mis favoritas: rosas.

Cuando llegó el gran día, mi regalo fue una televisión con un par de audífonos, lo cual significaba que ahora podría ver mis programas favoritos mientras mi esposo veía los encuentros deportivos.

A su favor debo decir que invirtió tiempo y dinero en el regalo, y que en verdad esperaba que me agradara.

Bueno, de cualquier forma, yo nunca le dije que quería algo romántico, como flores.

Ése es el hecho fundamental. Nunca se lo dije. Sólo pensé: "Si realmente le importo, sabrá lo que deseo. Si tengo que decirle qué quiero, entonces ya no lo quiero."

En todos los seminarios y discursos que imparto, cada vez que menciono lo anterior y las mujeres escuchan la historia, asienten. Parece que todas reconocemos ese sentimiento.

Ahora dirígelo a los negocios.

Digamos que tu objetivo inmediato es ese nombramiento en París. Tu jefe lleva un año hablando de abrir una oficina en Francia. Y ahora es tu sueño. Pero si no le estás prestando atención a la estrategia, planearás de la siguiente forma: mencionarás, indirectamente, cuánto te gusta viajar a Europa. Dirás que ya te inscribiste para tomar clases de francés. Hablarás sobre tu creciente interés en la cocina francesa.

Pero mientras haces todo esto, y mientras continúas teniendo el mejor desempeño del departamento, algún tipo en el pasillo entrará a la oficina de tu jefe y lo convencerá de que es el mejor para París. Y tu jefe le dará el puesto.

En cuanto protestes, el jefe te contestará con candor: "Yo no sabía que lo querías."

"¿Pero qué no recibió mis señales?", sería una respuesta muy mala.

Los juegos enseñan a los hombres a ir detrás de lo que quieren. No importa a qué jueguen, ellos aprenden que si no identificas tu objetivo y te esfuerzas por alcanzarlo, no puedes ganar.

Pero entonces, ¿qué deberías hacer para conseguir el empleo en París?

No tienes que hacerlo de la misma manera que un hombre, pero debes:

1. Entender la diferencia entre cómo juega él y cómo lo haces tú.
2. Reconocer que, por ahora, su forma de jugar es la aceptada.
3. Decidir si quieres cambiar la forma en que juegas.

A continuación te presento catorce reglas que te enseñarán a jugar como los hombres, y ganar. Cada regla incluye un escenario, los movimientos típicos que ejecutan los hombres y las mujeres, y algunas reflexiones.

1

Haz una petición

Para decirlo llanamente, la única manera de conseguir lo que se quiere es pidiéndolo.

¿Es obvio? Tal vez, pero no puedo decirte con cuánta frecuencia he escuchado historias de mujeres que se involucraron en negociaciones de contratos con la esperanza de obtener un buen aumento, pero sólo les ofrecieron uno modesto. Entonces se sintieron desilusionadas, engañadas y se preguntaron si habrían cometido algún error. ¿Pero acaso lo refutaron? No. En lugar de eso, le dijeron a su jefe: "Gracias." Y en privado, por supuesto, se quejaron amargamente.

No es ninguna casualidad que la infame frase: "¡Muéstrame el dinero!", de la película *Jerry Maguire*, la haya dicho un hombre.

Poco después, quizá el jefe haya notado lo cortés que fue la mujer, lo sencillo que resultó negociar con ella y lo agradable del tiempo que trabajaron juntos; sin embargo, el aumento considerable se lo dio al tipo que entró a su oficina y lo exigió.

A través de los años he visto a muchas mujeres alcanzar el éxito y a otras fracasar. Las razones por las que triunfan son muchas, pero las razones por las que fracasan pertenecen a unas cuantas categorías bien identificadas; y muy cerca de los primeros lugares de la lista se encuentra la incapacidad para entender el significado de la palabra *no*.

A las mujeres nos inculcaron la creencia de que *no* significa ¡NO!, y por eso, si creemos que la respuesta será negativa, es muy común que ni siquiera hagamos la petición. Para un hombre, en cambio, *no* representa todo un rango de posibilidades: *No, tal vez* o *después*.

Los hombres aprenden desde muy jóvenes que *no* es un término relativo, no absoluto; un rechazo temporal, no definitivo. El niño sabe que el *no* original no fue necesariamente una negación absoluta. No significa que puedes salir a jugar a otra hora. Significa que, en este momento, no lo harás.

De la misma manera, si ya pertenece al equipo pero el entrenador no lo deja participar en el juego, se acercará a él más tarde, cuando alguien se lastime o cometa un error importante, y le dirá: "¡Oiga, entrenador!", una y otra vez. "¡Yo puedo hacerlo! ¡Deme una oportunidad!"

Incluso cuando los hombres sospechan que recibirán una respuesta desfavorable, de todas formas se lanzan al ataque y preguntan. Entonces les dan un *no* como respuesta. Pero encogen los hombros, vuelven a su oficina, lidian con el asunto y luego aparecen con un plan para transformar esa respuesta negativa en positiva. Piensan: "No fue el momento idóneo para preguntar. No lo hice de la manera adecuada, tal vez no usé las palabras correctas."

La reacción que tiene una persona ante alguna palabra en particular proviene del poder de la palabra misma. ¿Tú tomas un *no* como rechazo personal o como nueva información con la que debes trabajar?

Debido a que nosotras tomamos las situaciones como cuestión personal, solemos interpretar el *no* como un comentario respecto a nuestras habilidades, como señal de que la relación entre nosotras y nuestros superiores falló. ¿Cuál es el resultado? Dejamos de intentarlo. La definición femenina de la palabra *no*, es: "Absolutamente no, ¿cómo se te ocurrió preguntar siquiera?"

EL PROBLEMA

Como tienes miedo de que te rechacen, nunca pides lo que quieres.

QUÉ HACER

Imagina qué es lo peor que podría suceder si alguien te dice, *no*. No va a suceder ninguna tragedia. No es una lesión fatal, sólo un contratiempo.

Por eso te digo que debes hablar. Dilo en voz alta en la oficina. Nada se vuelve real hasta que lo articulas. Las mujeres tienden a guardar todo en su interior y a angustiarse. Sí, si no pides lo que quieres, tal vez no termines sintiéndote avergonzada. Sí, si ocultas tus deseos, permanecerás segura. Sí, si nunca dices a nadie lo que quieres, no hay probabilidad de fracasar. Pero, si haces todo lo anterior, nunca tendrás éxito tampoco.

Así que, mira a la pared y anuncia lo siguiente, "quiero ser la vicepresidenta de estrategias de mercadeo". Grítalo a la ventana, al techo y al escritorio.

Ahora, siéntate y analiza si eso es en realidad lo que quieres. Puedes pensar: "Sí, sería una vicepresidenta increíble", o quizá: "De ninguna manera. Odiaría ese trabajo."

Creo firmemente que vivimos en el mundo en que decimos vivir. El primer paso para llegar a ser gerente general es comenzar a visualizarte como gerente general, repetirlo en voz alta una y otra vez. Continúa diciéndolo hasta que te sientas tan cómoda con la idea que, tarde o temprano, sea parte de ti.

2

Di lo que piensas

Como ya lo mencioné, los hombres se sienten cómodos al hablar abiertamente. Desde que son niños se les pide su opinión y se les obliga a manifestarse. Se les premia cuando responden correctamente y, cuando no, se les ofrecen felicitaciones de corazón por haberse esforzado.

Ahora duplica este patrón en la oficina. Todas hemos notado que los hombres se sienten cómodos al expresar algunas de las ideas más ridículas que uno se podría imaginar, al escupir nociones y concebir escenarios que nos provocan llanto. Saben que las únicas ideas por las que serán recordados serán las buenas. El otro 95 por ciento puede equivaler a un montículo de frijoles, pero las buenas ideas los convertirán en los reyes de la colina.

Los hombres en el ámbito laboral hablan mucho. Las mujeres, no lo suficiente; incluso, las ejecutivas experimentadas se quedan cortas. Fíjate: como yo dirijo las reuniones del consejo editorial de CNN, soy quien decide a quiénes invitar al almuerzo informal que organizamos para estar con los oradores invitados, y entre quienes se encuentran figuras de gran importancia, de Mikhail Gorbachev a Maya Angelou. A través de los años noté que las mujeres rara vez hablaban en las sesiones de preguntas y respuestas. Y si alguna llegaba a hacerlo y un hombre comenzaba a hablar al mismo tiempo, ella se callaba de inmediato. Más adelante establecí reglas básicas privadas para las mujeres: si no haces una pregunta, no te invitaré a la siguiente reunión.

Ahora las mujeres hablan porque tienen que hacerlo y, además, formulan preguntas espléndidas.

Tema relacionado: los jóvenes crecen jugando tantos juegos y practicando tantos deportes que aprenden a perder. Entienden que los contratiempos son temporales, que cualquiera puede volver al juego, que equivocarse en una reunión no significa que el mundo se va a acabar.

Si las mujeres, en cambio, cometemos un error o hacemos algo vergonzoso, en cambio, de inmediato sentimos que somos un fracaso. Como el logro es nuestra carta de triunfo, creemos que no debemos abrir la boca si no estamos 100 por ciento seguras de lo que estamos hablando.

EL PROBLEMA

Si no hablas, nadie sabrá que estás ahí.

QUÉ HACER

Estudia el entorno y actúa de acuerdo con lo que veas. Por ejemplo, si estás en una reunión, observa cómo actúan e interactúan los otros. ¿Se ríen, hacen bromas y comen? ¿Lucen serios o relajados? ¿Todos actúan según el pez gordo, o cada uno de ellos actúa como si fuera un pez gordo? ¿La gente se expresa o el jefe es el único que habla? Cada reunión tiene una dinámica distinta, y es tu responsabilidad detectar cuál es.

3

Hazte escuchar

Cuando un hombre participa en un juego de competencia, sabe que hay poco tiempo para conversar. Digamos que está en la cancha de basquetbol y sólo le quedan cinco segundos para jugar. Su equipo, que va perdiendo por un punto, tiene el balón. Cuando el entrenador lo llama, él no hace preguntas acerca de la historia del juego ni habla sobre sus sentimientos respecto al entrenador del año pasado. Dice lo que debe decir con toda la intensidad que la situación exige, y nada más que eso.

Los hombres te dirán que las mujeres son demasiado tímidas cuando hablan en la oficina, o tal vez demasiado evasivas, complicadas o inseguras.

Hay una ejecutiva de una compañía que aparece en la lista *Fortune 500*, cuyos colegas han bautizado como la señorita "Permíteme-hacerte-una-pregunta." Ella tiene muchas preguntas inteligentes que hacer, pero, al parecer, no puede articularlas sin antes agregar: "Permíteme hacerte una pregunta…"

Es la peor estrategia posible. Uno nunca pregunta si puede preguntar, sólo lo hace.

Como nos enseñaron a expresarnos con ganas de que no lo hiciéramos, nuestro vocabulario está saturado de frases como: "No quisiera interrumpirte, pero…", o: "Sé que te encuentras muy ocupado, pero…" "Tal vez ya se les ocurrió esta idea a todos, pero…", o todas esas otras frases que terminan con *pero*. ¿Por qué tenemos que disculparnos por lo que vamos a decir? ¿Por qué no sólo decimos lo que necesitamos y hacerlo rápido? Cuando pides permiso para hablar, cargas tus oraciones de condicionalidad en lugar de fortaleza, y el discurso condicionado carece de poder.

Incluso si puedes ir más allá de las disculpas y los rodeos, todavía queda el asunto del volumen. Las mujeres hablamos tan bajito en las reuniones de negocios, que sólo unas cuantas personas pueden oírnos bien.

Hasta cierto punto esto puede verse como otra forma de comportamiento adquirido: resultado de que no nos enseñaron a hablar con tanta fuerza como a los hombres. Cuando tenemos que acallar a nuestros hijos, sin embargo, nunca nos hace falta volumen.

Debes saber que hablar con fuerza en realidad no tiene que ver con el volumen, sino con aprender a usar tu voz de manera efectiva. Incluso si hablas bajito, puedes sonar fuerte, siempre y cuando creas de verdad que tienes derecho a hablar.

Las carreras no prosperan si nadie puede escuchar lo que estás tratando de explicar o si media hora después de que susurraste tu brillante idea, alguien más la vuelve a enunciar con más fuerza y, por lo tanto, se lleva el crédito. La idea no te pertenece a menos de que estés dispuesta a defenderla y otorgarle poder. No es posible que hayas metido gol a menos de que todo mundo se entere de que lo hiciste.

EL PROBLEMA

Tu manera de hablar es débil.

QUÉ HACER

Debes hablar de forma convincente y sin condicionarte a ti misma. Esto no significa que tengas que hablar como hombre. No tienes que decir cosas como: "Si no haces lo que te estoy diciendo, te voy a patear el trasero." Pero sí necesitas practicar tu manera de hablar hasta lograr la que te otorgue poder.

Si es necesario, ve a casa y háblale a la pared. Di: "Ya me cansé." "No quiero hacer esto hoy." "No volveré a permitir que me marginen en las reuniones." Habla con suficiente volumen, como para que, si hubiera otra persona en la habitación, te escuchara sin importar en dónde estuviera situada

En todo el ámbito corporativo de Estados Unidos, las mujeres hablamos "sin permiso". Hablamos con suavidad y timidez; no tenemos ninguna autoridad ni poder. Hace no mucho tiempo estuve en un panel con dos mujeres expertas que perdieron su oportunidad de brillar porque sus voces eran demasiado titubeantes. Toda la gente en el salón dejó de escucharlas, mientras otro hombre que también era orador hizo una presentación sólida. Y al final, él fue a quien se dirigió la gente en la sesión de preguntas y respuestas, a pesar de que las verdaderas expertas eran las mujeres. Más tarde, las mujeres se quejaron conmigo de que aquella había sido tan sólo otra reunión dominada por los hombres, pero yo les dije que ellas fueron las culpables.

Todas las mujeres deberían tomar por lo menos un curso sobre habilidades como oradoras. Nunca dudamos en inscribirnos a clases de tenis para perfeccionar nuestro revés, pero somos reticentes a hacer lo necesario para hablar con autoridad. Aprende a proyectar tu voz. ¿Honestamente crees que Peter Jennings y Tom Brokaw nacieron hablando como presentadores de televisión?

Pídele a alguien que te filme mientras hablas y luego ve la grabación. Es difícil, lo sé, y es la razón por la que me mantengo detrás de las cámaras. Sin embargo, en muchas ocasiones me he forzado a hacer esto porque siempre aprendo algo nuevo.

Obviamente, no puedes cambiar tu voz por completo, pero con entrenamiento, la mayoría de las voces se pueden hacer más fuertes y efectivas en situaciones de negocios. Tu voz es un instrumento, como un piano o un violín. Para tener éxito debes aprender a tocarla como un gran músico.

4

Haz sonar tu propio claxon

Cuando era niña, la mayoría de mis amigas vivía en lindas casas y tenía padres acomodados que poseían autos muy bonitos. Conocíamos a poca gente fuera de nuestro círculo cercano, pero de vez en cuando jugábamos con otra niña que vivía en el siguiente pueblo. Lucía igual a nosotras pero, un día, cuando finalmente la visitamos, descubrimos que su casa era más grande que la nuestra, el patio del doble de tamaño que el nuestro y sus padres tenían tres autos. Poco a poco nos dimos cuenta de que su familia era muy, muy adinerada.

Era obvio que la niña se había esforzado por ocultarlo porque no quería presumir. Después de todo, nos estaban educando para creer en la igualdad, y eso significaba que no debíamos ser ostentosas. Si alguna destacaba de alguna manera —si ganábamos un premio en la escuela o nos compraban un vestido nuevo—, se suponía que nuestras amigas nos dirían cuán maravillosas éramos o lo bien que nos veíamos. Cuando éramos niñas nos permitían pescar los cumplidos, pero no podíamos pedirlos de forma directa.

A los niños, sus juegos les enseñan a destacar de todas las formas posibles y a ser originales con audacia porque, ¿de qué otra manera los notaría el entrenador? No se puede entrar al juego susurrándole al entrenador que los tipos que ya están en la cancha son mucho más capaces que uno mismo. Exageran, presumen, se jactan.

Pasa lo mismo en los negocios. Prosperar depende en gran medida de cuánto se haga una notar. Y la mujer que logra destacar es la misma que se asegura de que sus jefes sepan cuán bueno es su trabajo.

Atribuirte tus propios logros es parte de tu desempeño en el trabajo. Sí, la compañía te contrató para que mantuvieras las cuentas en orden, pero también para que participaras en la conversación, lo cual significa que quieren tu opinión cada vez que se discutan nuevos proyectos o se busquen soluciones a antiguos problemas. ¿Y cómo sabrán tus jefes que tienes buenas ideas si nadie le ha dicho lo talentosa que eres?

EL PROBLEMA

Te incomoda ser el centro de atención. Sientes que tu trabajo debería destacar por sí mismo.

QUÉ HACER

Asegúrate de que todo mundo note lo que haces. Extiende la mano y preséntate. Deja que la gente se dé cuenta de que eres sagaz, de que tienes las habilidades fundamentales, que estás por encima de tus funciones.

Pero, cuidado, no puedes hacerlo de la misma manera que lo hace un hombre. Él puede presumir y salirse con la suya, tú no. Cuando los hombres se jactan, eso les recuerda que son parte de un equipo. Cuando las mujeres lo hacen, tanto los hombres como las otras mujeres, sólo perciben rudeza y agresividad.

Debes aprender a ser tu propia agente de relaciones públicas, de una forma que sea cómoda para ti y que funcione dentro de la cultura de la oficina. Es por eso que tenemos que encontrar maneras de sonar el claxon sin incomodarnos a nosotras mismas ni a nuestros colegas. En la mayoría de los casos, las mejores relaciones públicas se llevan a cabo en el contexto de una relación en sí. En lugar de ponerte de pie durante una reunión y hablar sobre ti misma, encuentra una forma más personal de que los demás se enteren de lo que tienes que decir.

CONSEJO 1

Mantén a tu jefe al tanto de tu progreso; escríbele un memorándum cada dos semanas para recordarle con sutileza que eres un miembro importante del proyecto. No seas exagerada. Sé inteligente: disfraza la autopromoción que estás haciendo e incorpórala a la descripción de lo que hace tu equipo. Permite que el excelente trabajo de todos los demás se refleje en ti. Y cuando haya una victoria que se deba reportar, asegúrate de ser la primera en dar las buenas noticias. Si tu jefe es astuto, se dará cuenta de que eres jugadora clave, pero también apreciará tu movimiento como parte del equipo.

CONSEJO 2

Cuando un nuevo jefe camine por los pasillos, preséntate. Pero no te detengas ahí. Preséntate con todo mundo: la gente del elevador, la que camina por ahí, la que se encuentra en el estacionamiento. Y no te preocupes si algún desconocido o desconocida resulta ser un empleado menor: uno nunca sabe a quién conocen los otros, quiénes serán en el futuro, ni cuándo nos podrán ayudar con un empujoncito.

CONSEJO 3

Si vas a una fiesta de la oficina, no socialices sólo con tus amigos. Una presentación casual puede conducir a algo importante. Digamos que un gerente acaba de ser asignado a un nuevo proyecto y le indicaron que debía contratar a una de tres personas. Él no conoce a ninguno de los tres aún, pero su asistente le dice: "Conocí a Jackie en la fiesta de Navidad de la oficina y me parece que es muy inteligente." O tal vez él mismo pensará: "¿Acaso no hablé con Jackie durante el día de campo de la empresa? Sonaba muy competente."

Las mujeres somos campeonas en la conversación superficial, aprovecha este rasgo. Cuando conozcas a alguien en el día de campo de la empresa, si no se te ocurre una frase adecuada para iniciar la conversación, dile que su hija corrió muy bien en la carrera o que su hijo juega beisbol como profesional. Si estás pensando: "No quiero que me conozcan de esta forma tan trivial", yo te preguntaría, "¿Por qué no? Por lo menos al principio." A los hombres les encanta escuchar comentarios agradables sobre sus familias. Y además, no estarás mintiendo, estarás comenzando una relación.

Utiliza tu intuición, trata de calcular qué funcionaría con la persona que estás hablando. Si crees que no desea hablar sobre sus hijos, intenta algo distinto: sus planes para las vacaciones de verano, su entrenamiento profesional o su auto nuevo.

CONSEJO 4

La mayoría de las empresas grandes tiene boletines informativos. Si es el caso de la tuya, conviértete en voluntaria para escribir para la publicación. Y no seas tímida si alguien quiere hacer un reportaje sobre tu departamento. Dale indicios al reportero. Preséntalo con el personal. Toda la gente de la empresa lee el boletín y, gracias a eso, todo mundo sabrá más acerca de lo que haces.

PISTA PARA EL JUEGO

La propaganda engañosa es un concepto que se relaciona con jactarse de uno mismo: sin embargo, tiene connotaciones adicionales para las mujeres. ¿Acaso no nos educaron para que fuéramos virtuosas, honestas e íntegras? Me cuesta trabajo pensar en una mujer que finja saber más de lo que en verdad sabe. En todo caso, hacemos lo contrario. Porque, como queremos estar absolutamente seguras de que sabemos lo que hacemos, preferimos estar mucho más preparadas de lo necesario, que mentir acerca de nuestras capacidades.

Los hombres aprenden a ensalzarse demasiado en cada uno de los juegos que juegan cuando niños. Jugar a las muñecas o a la casita, en cambio, no implica venderse con publicidad engañosa porque no son juegos en los que se gane o se pierda. Uno sólo se jacta de más cuando tiene la necesidad de ganar.

Nos guste o no, ser buenas en el trabajo depende en gran medida de lo que vayamos improvisando en el camino. Siempre habrá momentos en que tengas que aceptar que no lo sabes todo; pero si luces aterrada, no vas a convencer a nadie de que tienes confianza en ti misma. Es por esto que poner cara de "no pasa nada" es una de las habilidades más necesarias para las ejecutivas.

5

No esperes hacer amigos

SITUACIÓN: Una colega nueva se muda a la oficina de junto. Aunque es agradable y cooperativa, deja muy claro que no está interesada en hacer amigos.

LA JUGADA DE ÉL: No le importa.

LA JUGADA DE ELLA: Se siente herida, culpable. ¿Habrá hecho algo que la ofendiera?

Cuando noté que en la actualidad las escuelas de todo el país motivan a las mujeres a participar en deportes, sentí curiosidad y quise hablar con una joven amiga que juega futbol soccer universitario en una pequeña institución de la Costa Este. La joven es una excelente atleta y su equipo tiene buen desempeño, pero la semana pasada, después de su primer partido entre dos equipos femeniles de importancia de la NCAA, estaba pasmada. "Fueron muy groseras", dijo, "se lo toman muy a pecho. A nosotras también nos gusta ganar pero, principalmente, queremos pasar un rato agradable con las demás."

Las cosas están cambiando gradualmente. Mientras en los programas deportivos de algunas universidades algunas mujeres están aprendiendo a jugar para ganar, ésta no parece ser la actitud que prevalece. El énfasis en la victoria continúa siendo un concepto masculino. Jugar para hacer amigos no lo es. ¿Cuándo fue la última vez que escuchaste a un grupo de hombres regresar de un partido de futbol saltando y gritando: "¡Qué maravilloso fin de semana!, conocimos a jugadores realmente geniales del otro equipo. Lástima que perdimos!"

Al igual que sucede en cualquier deporte rudo de competencia, el trabajo no tiene que ver con la amistad. A los hombres les queda claro que negocios son negocios, y que la amistad es otra cosa. Cuando no están de acuerdo entre sí sobre asuntos del trabajo, no consideran que el otro no le quiera brindar su apoyo, ni que sea insensible o desleal. Saben que tal vez tengan una fuerte discusión el viernes, pero el sábado se pueden ir a beber unas cervezas como amigos.

Para muchas mujeres, la relación con una compañera de trabajo puede llegar a significar tanto, que nos olvidamos de lo fundamental que es mantener la distancia necesaria.

Por ejemplo, las personas responsables de reclutar a los expertos que aparecen en nuestros programas en CNN tienen que encontrar al experto adecuado para cada emisión. La labor de los investigadores, por otra parte, consiste en hablar con el invitado elegido y revisar su material. A veces, después de esa entrevista previa, el investigador decide que el responsable de reclutamiento eligió a la persona incorrecta, y tiene que reportar este hecho. No te imaginas la cantidad de veces que los ánimos se han caldeado y algunas amistades han terminado debido a estos desacuerdos. El reclutador se toma como algo personal que el investigador o investigadora no haya aprobado su elección.

En esos casos, tengo que hablar con ambos (siempre y cuando estén dispuestos a escuchar) y decirles que nuestra labor no tiene que ver con la amistad, sino con hacer que el trabajo se lleve a cabo de una forma profesional.

Para la mayoría de las mujeres, la situación de trabajo ideal es en la que se corre con el balón hacia la línea de meta, se pasa el balón a nuestra mejor amiga, quien, a su vez, se lo lanza a nuestra hermana, y luego ésta a nuestra prima, y luego de regreso a nosotras para anotar. Pero, ¿qué pasa si a tu mejor amiga, hermana o prima no le gusta la jugada? ¡Vas a detener el juego y correr el riesgo de que tus oponentes te tacleen mientras tú acusas a la culpable de deslealtad?

EL PROBLEMA

Si insistes en ser la mejor amiga de tus colegas mujeres, dentro de poco tiempo tendrás muchas ex amigas y un ex empleo.

QUÉ HACER

Recuerda que el empleo es sólo una parte de ti. Tu trabajo es tu trabajo y tu vida es tu vida. A veces las decisiones y los comentarios que tienen lógica en el trabajo no la tienen en ningún otro contexto. Siempre recuerda que el objetivo de una situación de negocios no es hacer amigas. Ése es sólo un subproducto.

PISTA PARA EL JUEGO

Uno de los mayores mitos en el mundo de los negocios —que los hombres principalmente perpetúan— es que las mujeres no se ayudan entre sí. Pero eso no es verdad. Las mujeres hacemos mucho para apoyarnos, y nunca olvidamos cuando nos ayudan.

Y si hay algo de verdad en el mito es porque éste refleja la manera en que la jerarquía masculina a veces enfrenta a una mujer contra otra, como las designadas para un empleo, creando así una competencia desagradable.

Sin embargo, lo más común es que este mito surja de la forma excesiva en que las mujeres tomamos de manera personal los asuntos relacionados con el trabajo. Cuando las disputas se vuelven públicas, por lo general son los hombres quienes se encargan de divulgar lo que pasó por todos lados.

Hace varios años, Joanna, una de mis compañeras de trabajo, le contó en secreto a Jordan, un colega varón, que la única mujer a su mismo nivel le había prometido apoyarla en una reunión, pero se echó para atrás cuando tuvo que enfrentar al presidente de la compañía.

Joanna expresó lo sorprendida que estaba y lo mucho que le molestó que su amiga no la hubiera respaldado, pero más tarde la amiga le explicó sus razones para no hacerlo. Joanna aceptó la disculpa y, según ella, ahí había terminado el asunto.

Jordan, sin embargo, no pudo olvidarlo y, hasta la fecha, cada vez que ambos están en una reunión y la conversación se dirige a algún asunto referente a las mujeres, Jordan mira a Joanna, le guiña el ojo y dice: "Tú, de entre todos, eres quien sabe exactamente de lo que estoy hablando, ¿no es verdad?"

Joanna le dijo varias veces que su amiga ya le explicó por qué había permanecido en silencio, pero Jordan se niega a superarlo porque quiere creer que la enemistad persiste. Además, también disfruta de comentar la anécdota con otros hombres en la oficina y fuera de ella.

Es por esto que, si no puedes evitar enojarte con una colega, por el bien de todas, por favor no lo divulgues.

PISTA PARA EL JUEGO

No puedes esperar ser amiga de todos, y tampoco puedes hacer feliz a todo mundo.

Hace poco se acercó a mí otra amiga para hablar de su esposo porque estaba teniendo problemas con su jefe, un hombre al que yo tenía veinte años de conocer. "Mi esposo es muy hábil", me dijo. "Tú eso ya lo sabes, tal vez puedas ayudarme."

Le dije con firmeza que yo estaría cometiendo un terrible error si me involucrara (y que lo que ella me estaba proponiendo era un posible primer paso hacia un juicio de divorcio). El instinto de ayudar de cualquier manera que te sea posible es indicador de que posees un corazón generoso, pero no sirve como una buena estrategia de juego. Y, ciertamente, no es la manera en que los hombres juegan. ¿Te puedes imaginar a un hombre haciendo una cita para ver al jefe de su esposa para que la ayude a ascender en el escalafón corporativo?

No importa quién seas, no puedes complacer a todo mundo. Si tratas de hacer eso, terminarás cuidando no sólo a tus hijos, a tu esposo y a tus padres, también a tu asistente, a tu jefe, a tus vendedores, a los contadores y Dios sabe a quién más. En primer lugar, lo más importante en tu trabajo es que lo hagas bien.

6

Acepta la incertidumbre

SITUACIÓN: El jefe les asigna nuevas áreas de responsabilidad a todos los que están en cierto nivel.

LA JUGADA DE ÉL: No se lo comenta a nadie hasta no estar seguro de cómo proceder, y solo sigue avanzando paso a paso.

LA JUGADA DE ELLA: Está tan preocupada por sus nuevas responsabilidades, que le resulta casi imposible llevar a cabo el trabajo que ya tiene.

HECHO

A diferencia de los hombres, que le deben su éxito a una variedad de factores, las mujeres damos por hecho que avanzamos porque somos mejores en nuestro trabajo que cualquier otra persona. No me parece que ninguna mujer crea que la ascendieron por otra razón que no haya sido su excelente desempeño.

Como resultado de lo anterior, hemos adoptado un modelo perfeccionista a lo largo de los años y nunca decimos que sabemos algo, a menos de que nos sintamos completamente seguras de que así es.

A los hombres los crían con una noción generalizada de lo que es la respuesta correcta. Ellos creen que si están familiarizados con el tablero de juego, eso les bastará para intuir la forma correcta de actuar.

Si yo no hubiera estado ya al tanto de lo anterior, de todas formas lo habría descubierto dando clases en la escuela de negocios. Siempre que hacía una pregunta abierta sobre algún tema, los hombres asentían como si supieran de lo que estaba hablando. Suponían que no les iba a hacer preguntas. Además, en caso de que hubiera llegado a hacerlo, quién sabe: esforzándose y buscando en su cerebro, incluso habrían podido encontrar una respuesta apropiada.

Las mujeres, por otra parte, siempre esperaban hasta estar seguras de que entendieron el punto específico que yo trataba de explicar. Nunca les pasaba por la cabeza asentir siquiera, hasta que podrían ofrecer una contribución sólida al tema.

Piensa en la forma en que juegan los hombres. Ellos no salen corriendo al campo y dicen: "¡Quién diablos sabe si podremos vencer a estos tipos!" A los varones siempre les sobran la valentía, la jactancia y el pavoneo necesarios. Se convencen a sí mismos. Dicen cosas como: "¡Podemos hacer lo que queramos!"

Y, puedan o no puedan, saben que si empiezan el juego con confianza en sí mismos, tendrán muchas más oportunidades de ganar.

EL PROBLEMA

Si te tienes que sentir completamente segura antes de seguir adelante, jamás darás otro paso.

QUÉ HACER

Ten fe en tu capacidad general de desempeño y deja de preocuparte sobre si tienes, o no, las habilidades necesarias para realizar un nuevo trabajo. Muy pronto lo averiguarás. El "completamente segura" no existe. No existe en los negocios ni en la vida. Una parte importante del ser buena en tu trabajo depende de tu capacidad para aprender a remediar situaciones sobre la marcha.

Esto no quiere decir que seas mentirosa, sino capaz de improvisar. Las situaciones más difíciles que surgen en el trabajo suelen no tener precedente. Una ejecutiva excelente siempre puede decidir cómo hacer lo que no se ha hecho nunca antes.

7

Corre el riesgo

¿Cómo puedes romper con las costumbres de toda una vida? A los hombres se les estimula a correr riesgos desde el disparo de salida. A nosotras nos dicen que no debemos hacerlo. A los niños les dicen que salgan y peleen, a nosotras, que no. Un niño mide un metro veintiocho y está feliz de ser el guardaespaldas de un joven de un metro setenta y siete. Ya aprendió lo que es correr riesgos.

A las mujeres nos educan con la noción de que debemos ser cuidadosas en el aspecto físico para evitar situaciones peligrosas en potencia. No saltes al otro lado del muro. No toques al perro. No juegues cerca del agua… Lo último que nuestros padres querrían sería que nos lastimáramos. ¿Qué tal si nos quedan cicatrices de por vida? ¿Qué hombre querría casarse con nosotras en un caso así?

Pero si no corres riesgos no puedes avanzar. Las carreras de las personas a las que les gusta mantenerse seguras nunca despegan. La gente a la que le da miedo sobrepasar los límites, sencillamente nunca llega a tener un puesto de director ejecutivo. La pasividad no te lleva a ningún lugar.

El riesgo puede parecer atemorizante porque implica actuar. ¿Y qué tal si por actuar me despiden? ¿Qué tal si acepto ese nuevo proyecto y termino echando todo a perder? ¿Para qué correr riesgos, en primer lugar? ¿Para qué agitar las aguas?

HECHO

Todas las aguas se agitan. Si quieres tener éxito, tendrás que cometer errores y, en algún momento, incluso podrían despedirte. Pero no te preocupes: los errores y los despidos pueden significar que estás haciendo algo fuera de lo común o que alguien te notó. De hecho, mientras los errores sigan representando la excepción, y no la regla, continuarán siendo un indicador de éxito. Las carreras de los ganadores están hechas de más "más" y menos "menos". "A mí no me importa si un gerente comete cinco errores importantes. Al menos, esa persona está tomando decisiones y aprendiendo de ellas", dice Bill Gates, Presidente de Microsoft.

Y lo que es incluso más difícil de aceptar para algunas mujeres es que, a veces, aquellos que consideramos riesgos ni siquiera lo son. Digamos que llevas siete años trabajando en el mismo lugar. Estás aburrida y no puedes decidir qué vas a hacer ahora. El individuo que se sienta frente a ti está en la misma situación, pero él ya está pensando que es momento de avanzar. Un día entra a la oficina del jefe, le avisa que tiene un empleo nuevo y renuncia.

Tal vez creas que está cometiendo un error al dejar su seguro, aunque aburrido, trabajito. Ese empleo en el que gana bien y no tiene que hacer gran cosa. Pero en realidad, mientras tú te obsesionabas pensando en lo aburrida que te sentías, él estaba haciendo su trabajo y, al mismo tiempo, todas las labores adicionales que implica buscar un nuevo empleo: tantear el terreno, enviar currículo y hablar con reclutadores, entre otras cosas. Él no está lanzando los dados al azar, los trae cargados. Y mientras tú sigues tratando de justificar tu estancamiento, él ya está en un mundo distinto con más dinero, mejores contactos y un estatus nuevo.

EL PROBLEMA

No puedes avanzar porque te aterra correr riesgos.

QUÉ HACER

La gente que corre riesgos es la que puede controlar su miedo. Sin miedo, no hay riesgo.

Corre pequeños riesgos para probarte a ti misma que puedes manejar tu temor. Fíjate tareas sencillas en las que puedas darte el lujo de cometer errores. Por ejemplo, digamos que una mujer competente llega a la oficina una hora antes y se va una hora más tarde que los demás. En esas dos horas realmente no avanza mucho más en el trabajo, sólo quiere probar cuán trabajadora y decidida es. Está confundiendo "ocupada" con "productiva".

El verdadero riesgo para esta mujer sería llegar a las nueve e irse a las seis. Les he recomendado este cambio de horario a varias mujeres, y todas ellas han sido capaces de enfrentar el miedo que le tenían a ir sólo las horas necesarias al trabajo. Todas creían que el éxito se lo debían a las muchas horas que pasaban en la oficina, pero después de acortar sus jornadas, descubrieron que nadie pensaba que valieran menos por no pasar tanto tiempo en la oficina. Y, además, lograron llevar a cabo todo el trabajo que les correspondía.

Inicia una conversación con alguien a quien le temas, con alguien que sospechas que es mucho más inteligente y hábil que tú, o con alguien odioso. O entra a la oficina de alguien que crees que está furioso o furiosa contigo. Esto te ayudará a definir tus límites cuando sientas que la molestia de la otra persona no tiene nada que ver contigo. Trata de pensar: "Debe haberse peleado con su esposa anoche." Con mucha frecuencia, cuando alguien te grita, lo hace solamente porque está enojado, y el hecho de que te grite "a ti", sólo indica que, en un aspecto físico, eres la persona más cercana.

Si el riesgo continúa dándote miedo, piensa que en realidad corres riesgos todos los días. Ir en auto al trabajo es un riesgo. Comer pescado crudo también lo es. La vida está llena de riesgos, pero nos hemos acostumbrado tanto a ellos, que ya casi no los notamos.

En realidad, no hay una diferencia fundamental en la forma en que los hombres y las mujeres manejan sus temores personales. Es sólo que ellos están más acostumbrados que tú a confrontarlos. Él ya va por su riesgo número 236, tú, apenas por el número cinco. Es natural que estés más asustada.

En el mundo de los negocios modernos no existe la seguridad, lo cual significa que "riesgo" es un término relativo. Sólo es un riesgo si no sabes lo que haces. De otra manera, sólo estás calculando las probabilidades de que una acción pueda ser benéfica o dañina, para luego realizarla. El miedo es parte de la complejidad del éxito, así que no permitas que te paralice.

Sí, puedes fallar, pero si ya estás preparada para esa posibilidad, entonces también tienes un plan de respaldo. Los fracasos de hoy pueden servirte para construir el camino hacia los éxitos del mañana.

8
Sé una impostora

SITUACIÓN: Un hombre y una mujer fueron ascendidos a dos puestos que otorgan poder.

LA JUGADA DE ÉL: Llega a la oficina, admira el elegante escritorio y los muebles, y analiza sus nuevas responsabilidades. Se da cuenta de que hay mucho que no sabe acerca de este nuevo puesto, pero se dice a sí mismo que si ya llegó hasta ahí, seguramente podrá llegar aún más lejos.

LA JUGADA DE ELLA: Llega a la oficina, ve los elegantes muebles y la vista con doble ventanal en la esquina del edificio, y se siente incómoda. Sabe que trabajó muy duro para llegar hasta ahí y que nadie se merece tanto ese ascenso como ella. "Pero ahora mi puesto sobrepasa mis capacidades", piensa. "Es cuestión de tiempo para que se den cuenta de que soy una impostora."

El único juego que aprendieron a jugar bien las niñas fue El juego del conocimiento. Es aquel que nos enseñaron en la escuela, en el que, si éramos buenas estudiantes, hacíamos la tarea y estábamos preparadas para los exámenes, nos premiaban con buenas calificaciones, teníamos la aprobación de nuestros padres y la atención de los maestros.

Como apenas estamos aprendiendo cómo funciona el juego de los negocios, seguimos confiando en el del conocimiento. Es por ello que solemos entrar a nuestro lugar de trabajo convencidas de que la única manera de avanzar es volviéndonos expertas en nuestra área de conocimiento. Recabamos información, acumulamos anécdotas y hacemos todo lo necesario para llevar a cabo el trabajo.

Cuando estamos listas para hacer una presentación, nos aseguramos de que no nos falte un solo dato y entramos a la sala de juntas con tablas remarcadas, reportes anuales, impresiones de archivos de computadora y, por supuesto, preparadas en exceso y con conocimiento de más.

Sentir que sabes todo respecto al tema significa que no tendrás que preocuparte y que no te tomarán desprevenida. Pero también tiene una desventaja: nadie lo sabe todo. Tarde o temprano, algún colega te hará una pregunta cuya respuesta no sepas, y cuando ese momento llegue, empezarás a sospechar que eres una impostora.

Éste es el horrible y abrumador sentimiento que tiene la gente inteligente y trabajadora, de que el éxito es accidental. El síndrome del impostor o impostora nos hace vivir con un miedo constante a que alguien nos descubra. Nos hace creer que nuestra incompetencia será exhibida y que seremos humillados, degradados y, al final, despedidos.

Es muy común que las mujeres que sufren del síndrome de la impostora gasten la misma cantidad de energía tratando de sobrevivir al supuesto hecho de que serán desenmascaradas, que la que invierten en hacer su trabajo.

Además, estas mujeres se van haciendo expertas en convencerse de que no deben correr riesgos porque moverse a otro territorio puede hacerlas más vulnerables.

Pero la verdad es que *sí somos impostoras*, e impostores. Todos, hombres y mujeres por igual. Ninguno conoce toda la información. Piénsalo. ¿En verdad hay alguien que sepa todo acerca de cómo educar a los hijos? No. Pero eso no nos impide hacerlo, e incluso, llegar a hacerlo bastante bien.

Los negocios no son muy distintos a la vida. Los hombres lo saben. Fingen en todo momento y situación que así lo exija. Van de un lugar a otro y reúnen toda la información posible, y entre más se acercan a la cima, más dependen de la improvisación, la confianza en sí mismos y la habilidad generalizada de recurrir a lo que aprendieron, gracias a experiencias del pasado más que a la información de los libros.

En los negocios no hay red de protección para intentar algo nuevo. Es aterrador, claro, pero también esto es lo que hace que las ideas creativas prosperen.

EL PROBLEMA

Con cada nuevo ascenso y cada paso, crece en ti la sensación de que eres una impostora y de que te descubrirán en cualquier momento.

QUÉ HACER

Acepta el hecho de que no hay nadie que honestamente pueda decir que sabe todo respecto al trabajo, a quien no puedan tomar desprevenido, o quien no pueda ser reemplazado algún día por una persona más talentosa. Y créeme, sucede lo mismo al nivel de los jefes.

Lo más importante es la forma en que te hablas a ti misma. ¿Sueles decirte que eres una mujer que exagera sus logros y no sabe ni de lo que está hablando? O acaso puedes admitir: "Estoy en un territorio nuevo, pero no estaría aquí si no fuera competente y si no tuviera los conocimientos necesarios. Así que, en lugar de enfocarme en lo que no sé, me enfocaré en mi cúmulo de información e iré aprendiendo el resto sobre la marcha."

Hazte preguntas razonables. ¿Qué deberías saber para ese puesto? ¿Lo sabes? Si no, ¿cuánto tiempo te tomaría aprenderlo? ¿Tu predecesor o predecesora sabía más que tú en esa misma etapa?

Hace diecisiete años, cuando me pidieron por primera vez que creara un departamento de reclutamiento para CNN, no tenía idea de cómo debía ser, ni qué tipo de ayuda necesitaría para comenzar. Pero entendí que el presidente de la compañía me había elegido por dos razones. La primera, porque confiaba en mí. Así que, en lugar de preocuparme pensando que había seleccionado a la persona equivoca-da, traté de pensar en mi misión como una aventura y decidí que, en el peor de los casos, sólo tendría que volver a mi antiguo empleo que, de todas formas, siempre me gustó. Y la segunda razón fue porque el presidente sabía que yo no lo iba a atormentar con preguntas, que sólo haría el trabajo y punto.

Los jefes te delegan trabajo porque quieren que *tú* encuentres la manera de resolverlo. Si quisieran hacerlo ellos mismos, saldrías so-brando.

Reemplaza tu escenario de la impostora con uno en el que seas una mujer que confía plenamente en sí misma. La confianza es la mitad del juego. Tus probabilidades crecerán cada vez que te puedas convencer de que anotarás. Si te convences de lo contrario, de que fracasarás, las probabilidades disminuirán. Cada vez que pienso que se me va a caer el balón de las manos, por lo general, así sucede.

9

Piensa en pequeño

SITUACIÓN: La compañía está en crisis y todo mundo tiene más responsabilidades.

LA JUGADA DE ÉL: Da por hecho que puede hacer lo que tiene que hacer y, lenta y metódicamente, se pone a trabajar.

LA JUGADA DE ELLA: Como está abrumada, pierde tiempo demasiado valioso.

A los hombres les gustan los juegos directos. Quieren ir del punto A al punto B, y de paso quieren ganar.

Las niñas prefieren juegos que ofrecen una variedad de posibilidades. En la casa de las muñecas, por ejemplo, hay muchas opciones: ¿en dónde debería estar la sala?, ¿dónde debería sentarse el papá?, ¿estará feliz el bebé con la vista hacia el jardín? Además, en este juego hay una gran cantidad de tareas. En lugar de correr hacia alguna meta, objetivo o punto final, las niñas disfrutan de ir creando el juego, de inventar historias sobre los ocupantes de cada habitación, de construir las relaciones y de conocer las anécdotas personales.

A medida que los juegos se van haciendo más complejos y las relaciones de los personajes se vuelven más profundas, las niñas se interesan más en el juego.

Estos juegos nos enseñan a las mujeres a ser personas que pueden realizar distintas actividades al mismo tiempo, y esta capacidad se vuelve, más adelante, parte de la existencia de todas nosotras. Al igual que en la casita de muñecas, en una casa hay multitud de responsabilidades que atender todos los días.

Por desgracia, las mujeres solemos tomar nuestra sensibilidad de la casita de muñecas y de la casita real, y llevarla a la oficina. Es por ello que no sólo tenemos que enfocarnos en ese nuevo e importante proyecto, también nos preocupamos pensando si nuestra madre habrá ido a su cita con el doctor, si nuestra hija ya hizo la tarea, si a nuestro hijo le habrá pegado hoy el bravucón de la escuela, si la señora del aseo habrá cambiado la ropa de cama del cuarto de huéspedes —lo cual nos hace recordar que aún no hemos comprado la comida para la visita de nuestra hermana este fin de semana—, o que tenemos que cambiar las fundas de las almohadas.

En casa, abrumadas o no, lidiamos con nuestras responsabilidades porque las soluciones están bien definidas. Podemos atender a un bebé que llora con tan sólo levantarlo y reconfortarlo, pero por desgracia no podemos hacer lo mismo con las proyecciones de presupuestos. Las hojas de cálculo no se tranquilizan con un abracito y una palmadita en la espalda para que eructen.

Decimos: "Es demasiado", "No puedo hacer todo esto", "Me rindo."

Una reciente encuesta internacional realizada por Roper Organization nos muestra que no sólo las ejecutivas son más propensas que los hombres a decir que están "súper estresadas". También las oficinistas y las obreras se sienten igual.

EL PROBLEMA

Estás tan abrumada por la cantidad de trabajo en tu escritorio, que no puedes concentrarte.

Qué hacer: Recuerdo con mucha precisión la anécdota que me ayudó a entender qué debía hacer cuando me sintiera abrumada. Tiene que ver con sir Roger Bannister, la estrella británica de las pistas de carreras de la década de los cincuenta. Sir Roger, al igual que sus competidores, trataba de correr una milla en cuatro minutos por primera vez.

El entrenador de Bannister sabía que el atleta podía correr un cuarto de milla en un minuto, a veces, incluso en poco menos. Por eso desarrolló un astuto truco psicológico: le enseñó a Bannister a dejar de enfocarse en la carrera de una milla, y a empezar a pensar en cuatro carreras cortas de un cuarto de milla, y a correr cada una en un minuto o menos.

Bannister pudo entonces volver a configurar su visión. Rompió el récord y, dos décadas después, fue nombrado caballero por su logro.

Si hacemos que el objetivo final nos parezca imposible de alcanzar, podemos quedarnos inmovilizados e incapaces de entender cómo llegar de donde estamos hasta allá. Pero son raros los proyectos que no se pueden dividir en tareas más pequeñas y manejables, y que nos permiten hacer que la distancia entre una acción y el objetivo parezca mucho menor.

El individuo que trabaja al otro lado del pasillo lo sabe. También conoce la dinámica. Toma la primera cosa que tiene que hacer, se concentra en ella, la acaba y luego se mueve a la tarea siguiente. De nuevo se concentra en ella, la acaba y así continúa.

Los hombres pueden trabajar de esta forma porque la visión global no los distrae. Como ya lo mencioné, los hombres tienden a dividir todo en compartimentos. Sus vidas tienen parámetros. Entran a la oficina y están como nuevos: ésta es mi oficina y me pagan por hacer esto. Al igual que los caballos de carreras, a los hombres no les importa usar anteojeras para enfocarse en lo que se tiene que hacer.

Pero a nosotras nos daría un ataque si alguien nos pusiera anteojeras porque eso significaría que no podríamos comunicarnos con los otros caballos, ver cuál ya lleva la delantera, ni a cuál le están dando de comer qué. No obstante, las anteojeras son útiles porque te conducen a donde quieres ir: a la línea de meta.

Hay un dicho que dice, "El trabajo de una mujer nunca termina", pero no debes creer eso. Si te vas enfocando poco a poco en cada una de las partes, siempre podrás terminar tu trabajo.

10

No te angusties

SITUACIÓN: Quedan sólo dos días antes de la gran presentación y el trabajo aún no está listo.

LA JUGADA DE ÉL: No se permite preocuparse.

LA JUGADA DE ELLA: Le dice a sus amigas que sabe que no terminará a tiempo.

En una ocasión me presentaron a una mujer de excepcional talento que trabajaba para una gran empresa en donde la conocían como la Ally McBeal de la zona. Le contaba sus problemas a quien quiera que estuviera dispuesto a escucharla. Cada error, real o imaginario, se convertía en el tema de largas conversaciones. Articulaba cada uno de sus autodestructivos pensamientos, y cada momento de terror le servía para alimentar su molino de rumores.

A la mujer no le parecía que hubiera algo malo en su comportamiento. Incluso llegó a comentar con desenfado que su terapeuta (de quien todo mundo ya había oído hablar bastante) le había recomendado que compartiera sus sentimientos con la mayor frecuencia posible.

Pero como muchos lo comentaron, su terapeuta obviamente no tenía que soportarla en la oficina. Aquellos a quienes sus tan inapropiadas confesiones agobiaban tanto terminaron marginándola. Nadie se ofrecía como voluntario para iniciar proyectos con ella. Nadie quería viajar con ella. Su carrera se desplomó. Esto la hizo preocuparse aún más y, por supuesto, también hablar más.

Recuerda lo siguiente: los hombres usan el juego de las máscaras. Incluso cuando las probabilidades están en su contra, siempre lucen como si fueran a ganar. Y, ¿quién sabe? Tal vez lo hagan.

A las chicas nos enseñaron a ser lindas. Por esto queremos que toda la gente y todas las cosas lo sean también. Cuando no es así, nos angustiamos abiertamente. ¿Cuál es el mejor restaurante para almorzar con un cliente? ¿Éste es el atuendo adecuado para la reunión? ¿De verdad es posible un ascenso? ¿Las proyecciones del presupuesto son precisas? ¿El clima es bueno?

No estoy diciendo que los hombres no se preocupen, por supuesto que lo hacen. Pero saben que cuando la competencia es intensa, no debes mostrar tu ansiedad a menos de que tengas una razón imperiosa para hacerlo. Digamos que el sustituto entra al juego para ayudar a animar a los demás. Él no les cuenta a todos que debería estar cuidando a su abuelita, que le duele el pie y que no quiere verse obligado a competir con su primo, que forma parte del equipo rival.

Las mujeres somos más propensas que los hombres a mostrar vulnerabilidad en todos los aspectos de nuestra vida. Desde niñas nos enseñaron a decirle a mamá cuando algo andaba mal. A cambio de contar nuestros problemas, siempre recibimos atención. "¿Qué te duele? Mami te hará sentir mejor", era el tipo de frases cariñosas que escuchábamos.

Ahora ya no te preocupas por la rodilla raspada sino por la presentación de mañana, y te sientes tentada a compartir tus temores con los colegas. Lo que en realidad quieres es recibir los mismos cuidados que cuando eras niña. "Estarás bien. Te va a salir increíble."

Pero el individuo del cubículo de junto no es papi y no está interesado en tu tormento personal. Y tú tampoco necesitas que se entere de éste porque, si lo hace, algún día podría usarlo en tu contra. Sería injusto, pero así son los negocios.

EL PROBLEMA

Estás nerviosa y estresada, y quieres hablar de tus preocupaciones con otros.

QUÉ HACER

No hables con otros. Angústiate en privado.

No obstante, si tienes la imperiosa necesidad de hablar con una compañera de trabajo, elige a alguien en quien puedas confiar, alguien que no usará tu angustia en tu contra, que te ayudará a enfocarte en lo que se tiene que hacer, en lugar de en lo que salió mal.

Recuerda que si te angustias todo el tiempo, tienes que empezar a preguntarte si tu trabajo es la fuente de tus dificultades, o si el verdadero problema podría ser una cuestión personal que te niegas a discutir con tu familia o tus amigos cercanos.

PISTA PARA EL JUEGO

Si eres jefa, recuerda que mantener el control es parte de tu trabajo. Esto no significa que no puedas tener preguntas o problemas. Si tu departamento no llegará a las cifras que debería, por ejemplo, es tu responsabilidad alertar al equipo. Pero si empiezas a decirle a todo mundo que el proyecto está destinado al fracaso, harás que decaiga el ánimo general y el proyecto se vendrá abajo en verdad, o tus empleados pensarán que eres un manojo de nervios y, entonces, dejarán de prestarte atención.

11

Sigue al líder del equipo

SITUACIÓN: Ocho personas van a trabajar en un proyecto bajo la dirección de un solo líder.

LA JUGADA DE ÉL: Contribuye lo más posible y le reporta al líder con regularidad.

LA JUGADA DE ELLA: Empieza a expresar sus dudas respecto al proyecto bastante tiempo después de haber comenzado y, con sutileza, trata de hacer las cosas a su manera.

Jill empezó trabajando como asistente y se esforzó por ascender en la compañía hasta que llegó a ser vicepresidenta.

El otoño pasado fue una de las muchas personas que asistieron a una convención de la industria. Ahí, la mañana de la ceremonia de gala de su empresa, su jefe la buscó para decirle que acababa de revisar los detalles de la fiesta con la nueva coordinadora de relaciones públicas y que no le había gustado nada lo que había visto.

—Tú sabes cómo ofrecer una buena fiesta –le dijo su jefe–. También sabes lo que me agrada. Sólo hazlo.

Jill no pudo ni responder. Era la vicepresidenta, no la asistente de alguien más; su agenda estaba repleta de reuniones importantes. Por otra parte, estaba segura de que su jefe jamás habría mangoneado así a un empleado varón. Además, la nueva coordinadora de relaciones públicas le agradaba, y sabía que asumir el mando de sus tareas dañaría la relación entre ellas.

¿Qué hizo Jill? Canceló todas las citas que pudo, le pidió a sus colegas que la sustituyeran en las que le había sido imposible posponer, y se lanzó a planear la mejor fiesta en la historia de la convención. Todo en diez horas. La razón: sabía que el jefe era el líder del equipo y que la fiesta le importaba demasiado. A pesar de que la planeación del acto no era parte de las funciones de su puesto, estaba consciente de que al hacerlo, y hacerlo bien, se convertiría en un miembro indispensable del equipo. Así también demostró que era más importante que su propio ego.

El encuentro fue fabuloso, y su jefe, al igual que el resto del equipo, supo exactamente a quién se debió.

Por desgracia, esta historia es la excepción a la regla. Conozco a muchísimas mujeres que se preocupan tanto por proteger su tan difícilmente ganada posición profesional —o el territorio de sus amigos—, que a veces pueden olvidarse del trabajo en equipo.

Los hombres aprenden que ser parte del equipo significa hacer lo que el líder te indica y callarte la boca. Puedes discutir con el entrenador cuando explica la jugada, y puedes señalar los errores. Pero una vez que la jugada está realizándose, sólo desempeñas la parte que te fue asignada de la mejor manera que te es posible.

Por el tipo de orientación de grupo que se presenta en nuestros juegos, las mujeres no tenemos mucha experiencia en seguir al líder del equipo. Como nuestros círculos sociales son democráticos, nos hacen pensar que todas somos iguales.

Piensa en lo siguiente: hace poco llamé a otro departamento de la empresa para pasar información muy delicada sobre un reportaje de último minuto. El jefe estaba de vacaciones y la persona que tomó la llamada era una empleada nueva con poca experiencia en el manejo del tipo de historia que yo le estaba reportando, y con mucho menos experiencia como líder. Cuando le pedí hablar con la persona a cargo, me dijo: "No hay nadie a cargo. Estamos haciendo esto como un equipo."

Yo no tenía tiempo para hablar con un grupo, así que colgué. Quería hablar con el líder. Decidí no pasar la noticia. Supongamos que la información era incorrecta. ¿Quién la revisaría? ¿Quién nos daría la autorización final? ¿Y quién sería el vocero si necesitábamos un análisis posterior? Un equipo no es un equipo si no tiene un líder.

EL PROBLEMA

Estás teniendo dificultades para integrarte porque los negocios son un deporte de equipo.

QUÉ HACER

Recuerda que tu trabajo no tiene que ver contigo, sino con el equipo. Tienes que seguir sus reglas:

Juega con una visión integral en mente: tu trabajo no es sentirte insultada si te parece que una tarea en particular está por debajo de tu puesto. Si la situación exige atención inmediata, nadie querrá escuchar tus dudas personales. Sin importar cuán importantes sean para ti tus preocupaciones como persona, siempre serán un asunto menor. El panorama general es la habilidad del equipo para alcanzar una meta. A ti te contrataron porque puedes contribuir con algo al equipo. Eso significa que no puedes quedarte atorada en nimiedades ni desperdiciar energía en el desagrado que te provocan algunas personas y, mucho menos, preocupándote por tus problemas personales.

Tus compañeros de equipo no tienen que agradarte, pero debes serles leal: considera que el miembro de tu equipo con menos habilidades es sólo un problema que resolver, no una afrenta personal. Un equipo es tan bueno como su integrante más débil. Si fortaleces ese elemento, te estarás fortaleciendo a ti misma.

No tienes que considerarte un robot: única, interesante, inusual, diferente. Estos adjetivos describen el encanto femenino. Nos hacen atractivas ante nuestras parejas y el mundo. Por eso es fácil pensar que si te conviertes en una jugadora de equipo, te volverás invisible. Pero no es así. De hecho, te transformarás en una mejor versión de ti misma. Un buen centro puede ayudar a que un buen mariscal de campo se luzca maravillosamente; un buen receptor mejora la imagen de un lanzador; todas las buenas parejas se ayudan entre sí. Cada integrante de tu equipo aporta sus talentos únicos al campo de juego, y tú puedes mejorar los tuyos, si aprovechas el talento de quienes te rodean.

No cuestiones al equipo: como ya lo vimos en el apartado "Conoce el campo de juego" del Capítulo 3, una vez que un equipo ha tomado una decisión, es hora de actuar. No existe ninguna jugada llamada *pausa*, *alto*, *piénsalo bien*, ni mucho menos, *cuestiona*. Yo he cometido este error a menudo y he recibido reprimendas en cada caso. La situación más común es que el jefe y yo salimos a comer y, después de haber tomado una decisión sobre a dónde ir, yo menciono todas las otras opciones, cuando lo único que quiere hacer mi jefe es comer.

Si lo que quieres es que tu equipo anote, no propongas otras ideas porque eso no resulta útil. Si todos los integrantes del equipo corren a la izquierda, no es momento de preguntar si no sería mejor correr a la derecha.

Analiza tu diálogo interior: escribe tus quejas acerca de tu trabajo y léelas en voz alta. ¿Todas se inclinan hacia mí? Muchas mujeres pensarán, "No es mi caso". Pero recuerda que podemos ser muy egoístas, incluso de maneras que a veces ni siquiera reconocemos.

Digamos, por ejemplo, que tienes un compañero incompetente, así que escribes: "Creo que el tipo es un idiota", "Nunca escucha lo que digo", "No es tan inteligente como yo." ¿Alcanzas a ver el egoísmo en ese impulso? A veces nos dejamos envolver tanto en nuestra energía negativa y nos convencemos de que si tan sólo nos escuchara una persona específica, todo mejoraría. Y entonces podemos terminar obsesionándonos con el integrante menos inteligente del equipo.

Pero en lugar de expresarte tan vigorosamente, ponte a trabajar con ahínco y ayuda a los otros. Encuentra maneras de hacer sugerencias positivas. En lugar de hablar mal de los demás, usa tu talento crítico para lograr que el trabajo en equipo sea mejor. Nunca te acerques al líder del equipo sólo para quejarte. Si lo haces, encárgate de ofrecer una solución práctica también.

Permite que el equipo te ayude: cuando nos frustramos con nuestros compañeros de equipo y decimos, "Yo lo puedo hacer mejor y más rápido", por lo general cometemos un error estratégico y, además, nos hacemos de demasiado trabajo adicional.

Aunque te parezca muy tentador cruzar límites, no lo hagas. Un jugador de campo central no trata de lanzar, un portero no trata de anotar gol. Si realmente crees que podrías hacer mejor el trabajo de alguien más, dirígete al líder del equipo y habla al respecto de forma confidencial.

Las mujeres tenemos la fuerte tendencia a asumir más trabajo del que nos corresponde. Creo que esto proviene del hecho de que somos madres. Tú puedes quitar los platos de la mesa el doble de rápido que tu hijo, por eso no le pides que él lo haga. Pero si nunca le das la oportunidad de intentarlo aunque le tome más tiempo, ¿cómo va a aprender?

HECHO

Muchas mujeres fracasan porque no aceptan recibir ayuda. Las ves en las oficinas a las 7:30 de la noche, haciendo el trabajo de otras cinco personas, de gente que se fue a casa mucho más temprano. Si preguntas a esas mujeres por qué lo hacen, te dirán que entrenar a sus subalternos parecía demasiado laborioso y, además, para cuando terminara la capacitación, ellas habrían podido realizar el trabajo de una forma mejor y más rápida.

Pero el problema es que, si haces demasiado, terminas enojada y tus empleados no aprenden nada. Peor aún, al final, como no puedes hacer todo tú misma, terminas fracasando. Es por eso que, para empezar, tienes un equipo.

No ataques al equipo: tal vez la peor jugada que podemos hacer siendo parte del equipo es olvidar que pertenecemos a él. Así es, hay muchas otras actividades en tu agenda para todos los días: la casa, tu relación personal, los niños, tus padres y muchas otras. Pero mientras estés en el trabajo, a menos de que realmente estés atravesando una crisis personal, tu principal objetivo es colaborar para el éxito del equipo. No quiero decir con esto que el resto de tu vida no sea importante, pero si quieres triunfar, tienes que enfocarte en tus tareas mientras estés en el trabajo.

Si necesitas tiempo para atender un problema personal serio, solicítalo. Si tu empresa es tan rígida que no puede ajustarse a una necesidad individual, quizá te encuentres en el lugar equivocado.

12

No asumas responsabilidad sin autoridad

SITUACIÓN: El jefe está molesto porque un departamento clave tiene un desempeño inferior al esperado.

LA JUGADA DE ÉL: Si lo persuaden para que ayude, se asegurará de que el jefe le otorgue la autoridad necesaria para enfrentar el problema.

LA JUGADA DE ELLA: Inmediatamente se ofrece para ayudar, y el jefe acepta su propuesta. Feliz porque su jefe confió en ella, sale de la oficina sin solicitar que le otorguen la autoridad adecuada.

Piensa en Jill, quien ofreció aquella gran fiesta a pesar de que no correspondía a sus labores como vicepresidenta. Pero antes de cancelar o cambiar sus citas, antes de pedirles a sus compañeros de equipo que se vieran con los clientes de las citas que no pudo posponer, antes de lanzarse a planear la mejor fiesta en la historia de la convención, Jill le dijo a su jefe que necesitaba autoridad para realizar el acto como mejor le pareciera; es decir, para gastar lo que fuera necesario y contratar a la gente que tuviera que ser contratada. Ella no podía regresar a pedir autorización a su jefe cada vez que se encontrara con un obstáculo. La gente que había estado trabajando necesitaba saber que ella estaba a cargo.

Su jefe estuvo de acuerdo. Y le aclaró a Jill que, al aceptar esta situación, ella también debía estar preparada para enfrentar las consecuencias si la fiesta resultaba un fracaso. Jill fue lo suficientemente lista para tomar esto como una buena noticia porque sabía que, si la fiesta resultaba un éxito, ella se llevaría el crédito.

Las mujeres solemos aceptar responsabilidades sin la autoridad necesaria, y es uno de los principales problemas que enfrentamos en el mundo laboral.

Digamos que el jefe tiene un dilema. Hay un problema en el aspecto creativo, y él sabe que Jack, el individuo a cargo, no está haciendo el trabajo. El jefe convoca a una reunión con su círculo más cercano de confianza para analizar la situación. Para cuando termina la reunión, tú ya te ofreciste para ayudarle a Jack. Nadie te ofreció un empleo nuevo, y nadie te dijo que tendrías más responsabilidades o que recibirías más dinero. Solamente vas a "ayudar".

La mayoría de los hombres sabe que cada puesto implica responsabilidades específicas. El guardameta protege la portería, el mariscal de campo lanza el balón. El objetivo es ganar y todo mundo juega su papel específico para llevar al equipo a la victoria.

Pero debido a que muchas sentimos —porque es verdad— que es difícil hacerse notar a través de los méritos solamente, las mujeres rompemos esta regla con mucha frecuencia. Aceptamos responsabilidad sobre responsabilidad porque queremos demostrar que poseemos cierta variedad de talentos y porque creemos que siempre debemos ser amigables y estar dispuestas a hacer cualquier cosa.

Sin embargo, aceptar tareas sin la autoridad adecuada nos hace desperdiciar tiempo y energía intelectual. Estás tratando de completar una tarea en la que la gente clave no te reporta a ti. En lugar de mostrar que puedes resolver problemas, quedas como una intrusa. El jefe, distante y sin involucrarse, está por encima de la disputa, mientras tú estás ahí con la blusa arremangada, haciéndote cargo de un grupo de gente a la que no le agrada tu presencia, que no sabe si eres una amenaza permanente, y no está segura del estatus de su antiguo jefe.

Es un desastre en potencia. Recuerdas las últimas palabras que te dijo el jefe: "Quiero que sepas que, cada vez que abras la boca, estarás hablando por mí." ¿Algo de esto te sirve ahora?

No, porque, a menos de que quien está verdaderamente en la cima te otorgue autoridad de manera oficial y pública, en realidad no la tienes. Y la responsabilidad sin autoridad provoca confusión, tristeza y problemas.

EL PROBLEMA

Te has ofrecido a ayudar a tu jefe tantas veces que el trabajo te rebasa y los límites de autoridad en tu empresa ya no son claros.

QUÉ HACER

La próxima vez, no te ofrezcas. Reprime tus impulsos. No estás ahí para hacer que todo esté bien, y tu jefe lo sabe.

La verdad es que la mujer es más proclive que su jefe a permitir el temido problema de las responsabilidades sin autoridad. El jefe, en realidad, no espera que resolvamos el problema, o, al menos, no lo espera a menos de que nos hayamos ofrecido tantas veces a ayudar, que ahora dé por hecha nuestra participación.

Créeme, sé lo difícil que es no ofrecer ayuda. Yo todavía tengo que reprimirme, pero lo que por fin comprendí fue que, cuando un jefe varón se queja de una mala situación, por lo general sólo quiere desahogarse un poco.

Digamos que te comenta que nuestro ya conocido Jim tiene muy mal desempeño en el departamento de contabilidad, que no se lleva bien con sus empleados y que éstos deben ser reemplazados con frecuencia. Nosotras estamos tan bien entrenadas para cuidar de otros, que en lugar de decir, "Sí, comprendo, parece ser una situación difícil", proponemos, "Jim y yo tenemos una excelente relación. ¿Quiere que hable con él?"

No, no, no. El jefe no esperaba que actuaras, pero lo más probable es que no rechace la oferta. ¿Por qué habría de hacerlo? No le va a costar nada. Sin embargo, él no te estaba pidiendo que hicieras algo, sólo se estaba quejando.

Únicamente ofrece tus servicios cuando estés segura de que la tarea a realizar es una oportunidad para tu carrera. Pero asegúrate de que en verdad estés efectuando un intercambio. Nunca he conocido a una mujer que se haya ofrecido como voluntaria para hacer algo y no haya terminado sintiéndose explotada. Su jefe comenzó a aceptar y dar por hecha la buena voluntad de la mujer y, para cuando ella ya estaba furiosa con él o se daba cuenta de cuánto la rebasaba el trabajo, era demasiado tarde. Así que, en lugar de convertirse en la consentida del jefe y mejorar las perspectivas de su carrera, sólo logró agriar la relación que tenía con su jefe.

PISTA PARA EL JUEGO

En distintos momentos, casi todos los hombres tratarán a casi todas las mujeres como si fueran sus subordinadas. Ten cuidado. Si alguien que está dando una presentación necesita un vaso de agua, tú puedes dárselo, pero no permitas que quede la impresión de que tú *siempre* eres la encargada de ir por el agua.

Conozco a una ejecutiva que dice que le encanta llevarle agua o café a los clientes porque así les demuestra que no es tan engreída como sus colegas varones. Los oradores, por supuesto, siempre la recuerdan con cariño. Pero si te preocupa parecer subordinada, entonces susúrrale o envíale a la persona que esté más cerca de la jarra de agua una nota que diga que el orador necesita beber un poco.

Tampoco tienes que ofrecerte a tomar notas en todas las reuniones. No hay ninguna ley que dicte que el secretario debe ser mujer. Si lo haces una vez, sugiere que la tarea se vaya rotando y apunta en tus minutas quién será la siguiente persona que se hará cargo. Pero claro, tampoco transmitas la noción de que eres poco cooperativa o de que estás a la defensiva. Encuentra la manera de hacer que este tipo de tareas sea responsabilidad de todos.

13

Siéntate a la mesa

Imagina esta situación: El equipo está en el campo de prácticas y, de repente, se abre una posición. Hay cuatro jugadores sentados en la banca. Uno de ellos le hace señas al entrenador casi en la cara para que lo deje entrar. Los otros tres están escondiéndose uno detrás del otro.

Es una situación que jamás verás porque lo más importante de jugar es estar listo para entrar corriendo al campo de juego. Cuando el entrenador te requiere, tú estás disponible. Siempre estás presente y se puede contar contigo.

El equivalente clásico en la oficina es la reunión en la sala de juntas, en donde siempre parece que el número de sillas alrededor de la mesa es menor al de la gente que se tiene que sentar. El resto de las sillas está junto a la pared, en el otro extremo de la sala o detrás del trono del jefe.

Es común que las mujeres nos sentemos en esas sillas porque pensamos que la mesa es para el jefe y la gente clave, o para aquellos que estarían contrariados si tuvieran que sentarse en otro lugar.

Ha llegado el momento de darnos cuenta de que si queremos que nos identifiquen como jugadoras leales y productivas del equipo, tenemos que sentarnos a la mesa con los tipos rudos.

La fuerza con que una mujer se presenta es muy distinta si se sienta a la mesa o en el extremo de la sala, junto a los libreros. No importa cuán grande sea tu conocimiento, si te sientas en las gradas, parecerás subordinada. Además, es menos probable que el jefe te pida tu opinión si tiene que moverse en su asiento para verte, y aguzar las orejas para escucharte.

EL PROBLEMA

Te sientes incómoda sentada a la mesa, en especial porque no hay suficientes sillas para todos.

Qué hacer: La diferencia entre tú y el tipo que pasó apresuradamente junto a ti para conseguir un sitio privilegiado es la confianza en sí mismo.

Desde muy temprana edad los hombres aprenden que la mesa es su lugar y por eso se les facilita pelear por su derecho a estar ahí. Ser visto significa media batalla ganada. Si no te pueden ver, entonces no puedes jugar.

No permitas que la falta de confianza en ti misma dañe tu carrera. Descubre lo que piensas. ¿Crees que sólo los importantes se pueden sentar a la mesa del jefe? ¿Tienes la impresión de que estás tomando el lugar de alguien más inteligente? ¿Qué tal si piden tu participación y todo mundo descubre que eres una impostora?

Para eludir estos dolorosos pensamientos, las mujeres fingimos que no importa en dónde nos sentemos. Cientos me han dicho que si sentarse a la mesa hace tan felices a los hombres, ¿para qué pelearse con ellos por eso? Ceder en este aspecto se convierte en una especie de insignia de honor. Además, nosotras no necesitamos alardear.

¡Pero recuerda que no se trata de alardear! Se trata de hacer sentir tu presencia porque todos los días debes mostrarte integralmente en el trabajo.

Esto no quiere decir que debas arrebatar cualquier asiento que puedas en todas las reuniones. La gente acostumbra tomar el mismo lugar en la mesa y si tú tomas el de alguien más, esta acción será percibida como un repulsivo juego de poder. Sin embargo, también asistirás a muchas reuniones en donde los asientos no le pertenecen a ciertas personas por costumbre, y en esas reuniones tus conocimientos serán igual de importantes que los de todos los demás. Cuando eso suceda, tan sólo ármate de confianza, camina con paso firme hasta la mesa y siéntate.

PISTA PARA EL JUEGO

Hablando metafóricamente, debes ocupar tu lugar en la mesa en todos los aspectos de tu trabajo. Por ejemplo, en la fiesta de la compañía, no permitas que los hombres monopolicen a los clientes. El jefe siempre está mirando alrededor para ver quién se mueve, y si te ve agazapada en un rincón, segura y cómoda con una amiga, perderás puntos.

Haz que tu presencia se note en todos lados. En una conferencia de negocios para unas cien personas, por ejemplo, siéntate en las primeras filas del auditorio. Siempre entramos a estas salas como si fuéramos a la boda de una amiga distante, como si lo máximo que mereciéramos fueran los asientos de atrás. A partir de ahora apégate a la regla de actuar como miembro del cortejo nupcial, y no sólo como invitada.

Si te sientas en la fila de enfrente puedes entrar en contacto con el orador y con el asunto del que se está hablando. Al sentarte en la periferia tienes una cantidad marginal de información. Al frente, te ves forzada a escuchar.

Además, así te irás acostumbrando de manera simultánea a ser el foco de atención. Tus compañeros de trabajo te verán al frente y tendrán que reconsiderar la imagen que tienen de ti.

RECUERDA

Si hay doce asientos en la mesa y, por tradición, dos de ellos pertenecen a mujeres, no te sientas obligada a tomar alguno. No caigas en la trampa de competir por lo que está considerado el empleo, el lugar o el título que le corresponde a una mujer. Hasta que no estemos convencidas de que podemos ocupar cualquiera de los puestos del equipo, no podremos empezar a luchar por ellos.

14
Ríe

SITUACIÓN: La reunión es difícil y el ambiente en la sala bastante denso. Entonces uno de los varones dice un chiste. No es muy gracioso y la mayoría de la gente ya lo conoce.

LA JUGADA DE ÉL: Se ríe.

LA JUGADA DE ELLA: No se ríe.

Ríe. Sonríe. Pon buena cara: cualquier cosa, cualquiera que se te ocurra. Los hombres aprendieron hace mucho tiempo que el humor puede disminuir la tensión en casi todos los casos.

Por desgracia para nosotras, nunca aprendimos a disfrutar el tipo de humor burdo y simplón de payasadas que tanto hace reír a los hombres. Nuestro humor se inclina más a la observación y las situaciones. Es más, ni siquiera solemos bromear entre nosotras como lo hacen ellos, o, por lo menos, no cuando somos niñas. Tampoco aprendemos a iniciar bromas. Recuerdo que en una ocasión escuché a la comediante Phyllis Diller decir que el mayor problema que tuvo para entrar al mundo de la comedia sola sobre el escenario fue que al principio todos los empresarios le dijeron: "Las mujeres no saben contar chistes."

Piénsalo. Somos mucho más proclives a reírnos del individuo de apariencia rara que monopolizó a la esposa del jefe en la fiesta de la empresa, que a anunciar que tenemos algo que decir y pedir la atención de todos. Pero eso debe cambiar porque, en el contexto de las reuniones de trabajo, las observaciones breves que podríamos hacer no siempre van a funcionar.

Naturalmente, hay una gran cantidad de hombres que no tiene tanto sentido del humor; no obstante, en su mayoría, casi todos pueden decir una broma para romper la tensión. ¿Y mujeres? Hay muy pocas capaces de hacerlo.

Y en realidad no es nuestra culpa. Lo que pasa es que podemos concentrarnos tanto en hacer un buen trabajo y en demostrarles a los hombres de lo que somos capaces, que nunca nos relajamos lo suficiente para permitirnos un poco de ligereza.

Además, tampoco nos damos cuenta de que reírse no tiene tanto que ver con el chiste o la broma, sino con crear camaradería. Cuando lees acerca de un jugador retirado, te puedes dar cuenta de que lo que extraña no es el vitoreo de las multitudes, sino la amistad entre los jugadores.

EL PROBLEMA

Los hombres de la oficina piensan que las mujeres están demasiado enfocadas, que son demasiado serias y que, por eso, carecen de sentido del humor.

QUÉ HACER

No te tomes tan en serio.

John Riggins, ex jugador de los Pieles Rojas de Washington, en una ocasión le dijo a Sandra Day O'Connor de la Suprema Corte de justicia: "Relájate, querida Sandy." Sólo porque no sabes decir un chiste de la misma forma que lo hacen los hombres, no significa que no puedas ser divertida y encantadora. Está bien que no te puedas reír hasta perder el aliento, pero al menos no dejes que tus colegas varones murmuren que eres otra mujer más sin sentido del humor. No creo que ninguna persona que carezca totalmente de humor pueda ascender en la escalera corporativa.

Yo sé que no soy buena para contar chistes y que nunca lo seré, pero cada vez que hago que los demás puedan reír un poco, después se acercan a mí los colegas con cara de sorpresa para decirme cosas como: "No creí que fueras divertida." Y lo dicen como si acabaran de descubrir una nueva subespecie: *Homo Sapiens Mulier Jocosus*.

Hay un hombre con el que he trabajado durante años, y que, cada vez que lo hago sonreír, me dice: "Fuiste graciosa otra vez." Esa frase en sí misma se ha convertido en nuestra broma personal. (Te dije que las bromas pueden ser sencillas, siempre y cuando formes parte de ellas.)

Incluso si no puedes contar una anécdota divertida, permite que tus compañeros sepan que puedes disfrutar de las que ellos cuentan. A veces esto puede significar reírte de cosas que no encuentras del todo graciosas, pero si eres madre, piensa en todas las veces que te has reído con alguna de las terribles bromas de tus hijos. Creo que yo he escuchado los mismos chistes simplones miles de veces, pero siempre me río porque amo a mis hijos y a mis nietos, y porque sé que para ellos es importante percibir mi aprobación.

Si continúas siendo la aguafiestas, la gente no se sentirá cómoda contigo. Lo único que tienes que hacer es sonreír de una forma agradable cuando alguien te cuente un chiste, incluso si es la cuarta vez que lo escuchas.

PISTA PARA EL JUEGO

Los chistes de tono subido no son para ambos sexos. Cuando las mujeres tratamos de ser divertidas, casi tanto como se puede ser en los vestidores para hombres, a veces terminamos incomodando a nuestros compañeros y a nosotras mismas. Yo todavía no he escuchado a una colega contar un buen chiste blanco. Tal vez esto llegue a cambiar, pero por el momento, si es difícil para una mujer contar un chiste sencillo, contar uno de tono subido es casi imposible. En las oficinas hay demasiada tensión sexual, demasiadas reglas y necesidad de ser políticamente correcto. Los hombres que ya tienen muchos años de conocerme siempre me preguntan qué temas evitar cuando hablan con colegas mujeres a quienes no conocen bien. Lo que siempre recomiendo es mantenerse alejado de cualquier tema con derivaciones sexuales.

6

SEIS COSAS QUE LOS HOMBRES SÍ PUEDEN HACER EN EL TRABAJO PERO LAS MUJERES NO

Para ser alguien, una mujer no tiene que ser más como un hombre, tiene que ser más mujer.

DRA. SALLY E. SHAYWITZ, médica y escritora

En el famoso musical *Annie get your gun* hay un famoso dueto cantado por Annie Oakley y su amigable competidor Frank Butler. El número se llama "Cualquier cosa que puedas hacer, yo la puedo hacer mejor." Pero en el contexto laboral, a esa canción se le podría cambiar el título por: "Cualquier cosa que puedas hacer, yo la puedo hacer mejor, pero con terribles consecuencias."

En los deportes profesionales a las mujeres todavía las reciben con un letrero que dice: "NO ES USTED BIENVENIDA". Nos permiten ser fanáticas, periodistas e incluso dueñas de una franquicia, pero, a pesar de que muy pocos deportes tienen reglas que nos prohíben jugar, tampoco nos han invitado a unirnos al equipo todavía.

En los negocios, el letrero de "NO ES USTED BIENVENIDA" fue retirado hace sólo unas décadas, pero eso no significa que las mujeres siempre sean bien recibidas al llegar a la puerta. No es así. De la misma manera en que la primera mujer jugadora de beisbol en las grandes ligas será tratada de manera distinta y con más dureza que un hombre, nosotras estamos bajo riguroso escrutinio por todo lo que hacemos y que no coincide con lo que los hombres esperan que hagan las personas que se dedican a los negocios. A nosotras nos juzgan con base en los estándares masculinos, no en los nuestros, lo cual significa que los hombres pueden realizar con libertad ciertas acciones que nosotras no.

Esto no significa que no podamos llorar cuando no recibamos el ascenso esperado, que no podamos tener una aventura con un compañero de trabajo, gritarle a nuestra secretaria y otras cosas. Lo que pasa es que no podemos llorar, tener una aventura o gritar, y esperar las mismas consecuencias que enfrentan los hombres. Nosotras vamos a pagar un precio muy alto y nuestro lugar en el juego cambiará. También cambiará la percepción que las otras personas tienen de nosotras.

El otro día leí un artículo sobre una poderosa mujer de negocios que dijo que, en cuanto llegó a cierto nivel de poder, le dijo a los hombres con quienes trabajaba que ella siempre lloraba cuando se enojaba y que ellos iban a tener que acostumbrarse a eso. No le importaba si eso les incomodaría, sencillamente no deseaba seguir reprimiendo sus instintos, así que dejó las lágrimas fluir.

Como lo leerás más adelante, llorar es una de las muchas acciones que se juzgan de manera distinta en un hombre y en una mujer. Pero si llegas a entender las consecuencias de este tipo de acciones, y sientes que las puedes usar en tu beneficio, entonces, por supuesto, hazlo. Llora, grita y patalea hasta que tu corazón se apacigüe.

1

Ellos pueden llorar. Tú no

Cuando el ex senador de Estados Unidos Lauch Faircloth, de Carolina del Norte, perdió la reelección, las lágrimas rodaron por sus mejillas en la conferencia de prensa. Los medios calificaron aquel suceso como una poderosa demostración de emociones. Pero cuando Pat Schroeder, ex congresista y entonces candidata presidencial lloró en televisión, los hombres sonrieron con condescendencia. "Como todas las mujeres", dijeron.

Los hombres pueden llorar y salirse con la suya porque es inesperado que lo hagan. Ellos creen que la gente poderosa no llora, y si lo hace, es porque debe tener una excelente razón.

En cambio, todo mundo espera que las mujeres lloremos, y cuando lo hacemos, los hombres piensan que es porque estamos sucumbiendo a un instinto natural o, peor aún, creen que usamos las lágrimas como una herramienta para manipularlos y hacerlos sentir culpables.

Hace muchos años conocí a un hombre a quien despidieron de una empresa de medios rival. Entró a la oficina de su jefe y estalló en lágrimas. Le dijo a su superior que jamás podría decirle a su esposa lo que había sucedido porque ella lo admiraba mucho, que ya no podría tener a sus hijos en escuelas privadas y que tendría que salirse del club deportivo privado.

¿Cuál fue la reacción del jefe? Se sintió terrible. No porque despedir al individuo hubiera sido innecesario (de hecho, se tardó mucho en hacerlo), sino porque alcanzó a verse en esa situación. "Frente a mí hay un hombre que se gana el pan igual que yo", pensó. "¿Qué pasaría si estuviera yo en sus zapatos? ¿Me derrumbaría de la misma manera?"

El jefe llamó a recursos humanos y le dio al hombre seis meses más de indemnización.

Un mes después, ese mismo jefe despidió a una mujer. Cuando ella lloró en su oficina, se sintió tan incómodo que cuando ella se fue, salió y le comentó a un colega, "Hicimos bien en despedirla. ¿Puedes creer que irrumpió de golpe en mi oficina? No quiero aquí empleados que no puedan controlar sus emociones."

2

Ellos pueden tener sexo. Tú no

Una mujer de una importante firma contable me confesó en una ocasión: "Una de las razones fundamentales de mi éxito es que hay tan pocos hombres sexis aquí, que nunca me sentí tentada a involucrarme."

Su aseveración no es trivial. Yo siempre recomiendo que, a menos de que estén en una franca búsqueda de marido, las mujeres que solicitan empleo lo hagan en lugares en donde vean que los hombres son menos atractivos.

Algunas empresas están cargadas de tensión sexual, sean los empleados atractivos o no. Lo puedes ver desde el momento en que entras por la puerta para tu primera entrevista. Lo notas en la forma en que la gente se mira. Lo percibes en lo sugerentes que son los comentarios.

Evita esos lugares porque son en los que corres más riesgo de caer en una aventura sexual. Y cuando eso sucede, quien pierde eres tú.

Los hombres tienen más posibilidades de tener sexo en la oficina y salirse con la suya. ¿Por qué? En cuanto el romance se acaba y comienzan las discusiones, la persona más fuerte planea cómo sacar a la otra de la historia. Y como generalmente el hombre es quien tiene más poder e influencia, la mujer termina siendo despedida, transferida o marginada. Si algo le pasa a él, siempre es mínimo.

Aun cuando la mujer logre terminar la aventura sin que la despidan, de todas formas quedará estigmatizada. La gente siempre la verá de una manera distinta: dirán que le debe su éxito a sus habilidades sexuales, y si no cuenta con el respeto de su equipo, nadie querrá volver a contar con ella como jugadora.

Para un hombre, en cambio, el peor escenario (aparte del despido) es una demanda por acoso sexual. Pero para ganar este tipo de demanda la mujer tiene que probar que el sexo no fue consensuado, y eso podría resultar bastante difícil después de una aventura de dos años.

ANÁLISIS DEL JUEGO

Hace poco, una de las mujeres más relevantes de un conglomerado de manufacturas dejó su trabajo para ir a trabajar a una empresa en la otra costa del país. La razón oficial: allá tendría la posibilidad de amasar una verdadera fortuna a largo plazo. La razón verdadera: tuvo una aventura con un vicepresidente que era casado y la descubrieron. Hasta ese momento ambos tenían el mismo nivel en la jerarquía, lo cual, de hecho, fue una de las razones por las que la mujer se sintió protegida cuando comenzó la relación. Sabía que no duraría para siempre, y cuando terminó, imaginó que ambos regresarían a la misma vida de siempre.

Con lo que nunca contó fue con los chismes de la oficina. En su mismo nivel había otras tres mujeres y veinticinco hombres. Ella sólo le había contado a una de las mujeres pero, por alguna razón, los hombres también se enteraron del asunto. Su ex amante juró que no le había dicho a nadie, y la verdad es que ya no importaba si él mentía o no porque el daño ya estaba hecho. Si llegaba a surgir el tema del sexo extramarital, todos los hombres volteaban a mirarla. Cada vez que alguien contaba un chiste sobre sexo, cada vez que la tensión sexual se incrementaba por algún comentario, la ejecutiva siempre sentía que hablaban de ella. Y en las reuniones sociales de la empresa muchos hombres empezaron a acercársele como si ella estuviera disponible sexualmente.

Quizá era demasiado sensible o tal vez los hombres de verdad le estaban haciendo la vida miserable. Pero independientemente de lo que estuviera sucediendo, ella supo que a partir de entonces se sentiría demasiado incómoda para alcanzar los objetivos que deseaba, y por eso se fue.

3

Ellos pueden ponerse nerviosos. Tú no

Un amigo cercano que trabaja en una enorme empresa de *software* me contó la siguiente historia. Estando en una junta con una mujer y siete hombres más, la mujer, una estrella en ascenso, comenzó a darle golpecitos a su reloj con las uñas, y a producir con eso un incisivo y molesto ruido. Cada vez que lo hacía, por lo menos uno de los hombres volteaba a verla. Las miradas eran de desagrado y significaban que, a partir de ese momento, la persona en cuestión había dejado de prestarle atención a la reunión y sólo podía enfocarse en la nerviosa mujer.

A una hora de que hubo comenzado la junta, uno de los hombres —otra estrella en ascenso— empezó a tamborilear los dedos en la mesa. Como ya todos en la sala habían visto este comportamiento, sabían lo que significaba: el hombre estaba aburrido. Como era respetado por todos, les contagió a los demás su impaciencia y la reunión tuvo que acabar antes de lo esperado.

Las mujeres jugueteamos. Tamborileamos con los dedos, nos enroscamos el cabello, planchamos el vestido con las manos como un hábito remanente de la niñez y todo lo anterior por lo general es un síntoma de inseguridad.

Yo, por ejemplo, tenía el hábito de empujarme las cutículas con los dedos. Mantenía las manos sobre el regazo al hacerlo, por lo que creía que nadie podía verme. Pero hace varios años un ejecutivo me preguntó con rudeza por qué alguien como yo hacía algo tan tonto. Dejé de hacerlo de inmediato. Me asusté mucho cuando descubrí que alguien me había visto.

Los hombres piensan que los desagradables y molestos hábitos de las mujeres son justamente eso: desagradables y molestos hábitos. Para ellos, la mujer que hace esas cosas le está transmitiendo al mundo entero el mensaje de que está incómoda y nerviosa, y que es insegura.

Cuando un hombre golpetea en el piso con el pie, sin embargo, por lo general significa que está impaciente. Por lo tanto, esta acción tiende a ser parte de un juego de poder, una señal física que indica: "Estoy aburrido, ya me cansé. Terminemos con este asunto."

Si quieres jugar el juego como los hombres, no hagas nada que les haga pensar que eres poca cosa. Si lo haces, estarás mermando tu poder.

PISTA PARA EL JUEGO

A medida que vayas ascendiendo en la escalera corporativa, tendrás más de una oportunidad de sentarte en esas enormes y excesivamente mullidas sillas que hay en las oficinas y salas de juntas de los presidentes. Son tan grandes que te harán sentir como si fueras una niña otra vez. He visto a mujeres importantes que, tras unos minutos de estar sentadas en ese tipo de sillas, comienzan a juguetear como si tuvieran doce años.

Por desgracia, los muebles de las oficinas están diseñados para los hombres. Los fabricantes no tienen otra opción más que producir las sillas para las dimensiones de los hombres, lo cual significa que nosotras, por lo general, nos sentimos incómodas en ellos. En esos muebles no podemos mostrar nuestra presencia de forma integral; no podemos colocar las manos al frente y erguir la espalda porque la silla es demasiado baja y la mesa demasiado alta, y cuando tratas de acomodarte, todo cambia: la mesa parece demasiado baja y la silla, altísima. Es bastante difícil sentirse poderosa si tus pies ni siquiera llegan al suelo.

Aprende a sentarte en el mundo de los hombres. En él, el equipo y el mobiliario les pertenecen a ellos. Para lucir como si estuvieras en control del espacio que habitas, puedes aplicar estos sencillos trucos. No permitas que el espacio te domine. Inclínate hacia el frente, siéntate en el borde de la silla, mantén tu presencia. En cuanto encuentres una posición cómoda, quédate así. Tengo que admitir que a mí me tomó años descubrir cómo desenvolverme en mi silla ejecutiva.

Algún día tal vez tengamos el poder de diseñar nuestro propio mobiliario. Es difícil, pero trata de imaginar el momento en que los muebles de oficina sean diseñados para los cuerpos femeninos y los hombres sean quienes tengan problemas para sentirse cómodos.

4
Ellos pueden gritar. Tú no

Hace poco dos ejecutivos, un hombre y una mujer, se involucraron en una pelea pública en los pasillos de CNN. En tan sólo diez minutos me llegó la noticia a través de varias personas, lo cual significaba que la información se estaba moviendo con rapidez por todo el edificio. Sé que la mujer se enojó y terminó diciéndole "imbécil" al hombre, y que él la insultó de manera similar.

No sé bien qué dijo él o qué hizo porque todos los reportes de la historia tenían que ver con ella. Esta mujer había gritado con el mismo volumen e ira que el hombre. La gente estaba asombrada.

A nadie le sorprende que un hombre suba la voz, que muestre su enojo en público o que se ponga rojo y eche chispas. Todo mundo sabe que los hombres gritan. Se pasan la vida vociferando entre sí. Cuando participan en un deporte, les gritan a sus rivales, a sus compañeros de equipo y a los espectadores. También se gritan a sí mismos.

A las mujeres, sin embargo, nos enseñan a controlar nuestra ira. Cuando nos sentimos molestas, agraviadas, o lastimadas, tenemos que contenernos. Los hombres lo expresan todo; juzgan cualquier cosa que los haya hecho enojar, pero no a sí mismos. Las estadísticas actuales muestran que la automutilación entre las mujeres estadounidenses va a la alza, y si sumas esas cifras a las de la anorexia y bulimia, podrás entender qué cantidad de enojo dirigimos a nosotras mismas.

Si las mujeres manifestamos nuestro malestar, la gente se incomoda o se asusta. Los demás nos perciben como gente difícil o como mujeres poco delicadas. Y si gritamos, nos tratan como si no debiéramos hacerlo.

Porque, después de todo, el papel de una mujer exige solucionar los problemas que surgen en las relaciones, meditar y comprometernos.

Como los hombres perciben una demostración de ira como algo fuera de lugar en una mujer, de inmediato califican esta manifestación como pérdida del control. Casi siempre la percepción es negativa.

A medida que he ido acumulando poder, me he dado cuenta de que a veces es necesario aplicar una dosis moderada de gritos. No puedes continuar motivando a la gente si comete errores o no alcanza sus objetivos, si no muestras tu decepción de una forma clara y contundente. Hay un punto en el que la gente realmente esperará ser castigada, y un punto en donde dejará de esforzarse a menos de que se aplique una fuerza externa. En ocasiones, esa fuerza es la ira de un jefe.

Pero debo decir que siempre tengo mucho cuidado cuando me enojo. Si una mujer se enoja con demasiada frecuencia, será vista como… ¿Qué otra palabra podría usar? Pues como una perra. Para nosotras, la ira debe emplearse, en el mejor de los casos, como un arma secreta que se usa de vez en cuando y de forma estratégica.

Tú tienes todo el derecho de enfurecerte con alguien, pero cuando lo hagas, respira hondo, piensa en lo que quieres decir y hazlo de manera controlada. Así podrás demostrar tu poder bien manejado, y no sólo falta de control.

PISTA PARA EL JUEGO

Si llegas a mostrar un poco de enojo justificado y bien pensado, no permitas que luego tu instinto natural de buscar la paz te obligue a ir a ofrecer disculpas. Cuando nos enojamos y castigamos a nuestros hijos y, sobre todo, si sentimos que hicimos lo correcto, rara vez nos disculpamos. Lo mismo debe suceder en el trabajo. Si el enojo es legítimo, exprésalo, supéralo y sigue adelante. No te disculpes porque eso te colocará en una situación desfavorable.

5

Ellos pueden carecer de buenos modales. Tú no

Cuando mi hija tenía catorce años la envié a un curso de buenos modales de cuatro días. Algunas de las cosas que aprendió fueron innecesarias porque, después de todo, ¿cada cuánto tendrá que hacerle caravanas a la Reina de Inglaterra? Aunque, claro, en caso de que tenga que hacerlo, estará preparada.

A pesar de lo anterior, buena parte del curso fue acerca de las reglas básicas de comportamiento, y eso es bueno porque una mujer que no se puede desenvolver de manera apropiada en todas las situaciones sociales tiene una desventaja. Un hombre no tiene que saber cuál cuchara usar, cómo cubrir un eructo, ni cuándo enviar una nota de agradecimiento. Si comete un error, se puede salir con la suya, y en especial, si se le considera poderoso.

Reflexiona lo siguiente: en un episodio reciente del programa de televisión *Frasier*, Niles, el hermano de Frasier Cranes, contrata a un agresivo abogado para que maneje su divorcio. En la primera escena, el abogado se quita la ropa deportiva sudada que trae y se viste de traje frente a los hermanos Crane en una forma bastante vulgar. El incidente le hizo saber al público que el hombre era un excelente abogado porque cualquier persona tan burda y con tan malos modales realmente tenía que poseer talento.

¿Podría una mujer salir bien librada con ese tipo de comportamiento? Lo más seguro es que no. Nadie la consideraría importante. En todo caso, repulsiva. El hombre puede ser rudo, burdo y libidinoso. La mujer, no.

Piensa en lo que sucede cuando los hombres ganan un juego. Salen a cenar para celebrar y comportarse como cerdos. El tipo más popular de la mesa es el que come y bebe más, y el que tiene los peores modales. Y al que se sienta calmado, con la servilleta en el regazo, al que bebe lentamente la cerveza y usa tenedor y cuchillo, lo consideran un aguafiestas.

A las mujeres nos recompensan por entregar tareas impecables, por tener buenos modales y letra bonita. Si nos arreglamos y nos portamos bien, nos dicen "niñas buenas". Pero a los hombres que se arreglan y se comportan bien, les llaman de otra forma.

No importa si vamos a la Casa Blanca o a una junta con un funcionario local: siempre nos gusta saber cómo hacer las cosas bien. Los detalles son importantes. Además, cometer un error de etiqueta nos hace cuestionar nuestra imagen, capacidad e identidad.

Lo más interesante del curso que tomó mi hija fue la forma en que estaba compuesto el grupo. Yo esperaba que hubiera jovencitas del sur, y sí, hasta cierto punto había varias. Pero también había cuatro mujeres adultas: dos secretarias, una mujer de negocios y una joven doctora. Cuando les pregunté por qué asistían al curso, las secretarias me dijeron que lo hacían porque sus jefes eran de la vieja escuela y ellas necesitaban saber cómo manejar situaciones sociales y profesionales de la manera adecuada. La doctora dijo que sabía que su profesión implicaba tratar con colegas varones de mayor edad e involucrarse en complejas situaciones políticas, y no quería cometer algún error que pudiera entorpecer su ascenso en la jerarquía del hospital. La mujer de negocios, por su parte, dijo que como la mayoría de sus colegas en los puestos gerenciales intermedios había asistido a universidades privadas o provenía de familias adineradas, sabía cómo negociar en medios privilegiados, y ella no estaba dispuesta a perder un ascenso sólo por no saber ofrecer una cena elegante.

6

Ellos pueden verse feos. Tú no

Hace un mes, mi amiga Joan ofreció una conferencia. Cuando ella y sus compañeras oradoras se dieron cuenta de que en el panel había un hombre de mediana edad con unos pantalones tan cortos que dejaban ver varios centímetros de su pálida piel, se rieron bastante. Pero no sólo fue eso: el elástico de sus calcetines estaba tan desgastado, que se caían sobre sus zapatos, los cuales, por cierto, estaban llenos de rayones.

Imagina el disgusto de Joan cuando, camino al podio, se dio cuenta de que se le había corrido una media. No se nota, pensó, pero después del discurso, cuando corrió a la habitación del hotel para cambiarse, alcanzó a escuchar en la parte de atrás del elevador a una mujer preguntarle a su amiga si había visto a la pobre mujer que hizo la presentación con aquella espantosa corrida en la media.

Además de sobrevivir a los resbalones sociales, los hombres gozan de inmunidad en lo que se refiere a errores en su arreglo personal: corbatas manchadas, botones caídos, calcetines impares. En cambio, ninguna mujer, por importante que sea, escapa a la crítica respecto a, incluso, la más mínima falla que haya cometido el sastre. La gente interpreta este tipo de descuidos como ignorancia o falta de interés o de atención a los detalles por parte de la mujer.

En realidad, sólo se trata de una media corrida, y debo decir que, francamente, la forma en que las medias y pantimedias se producen, hace que a cualquier mujer se le dificulte llevar una vida de negocios digna, pero ése ya es otro tema. En resumen, nadie es flexible con nosotras en ese aspecto.

Lo peor de todo es que no sólo los hombres nos juzgan con dureza. También lo hacemos entre nosotras (recuerda a la mujer del elevador).

PISTA PARA EL JUEGO

No sólo nuestro atuendo está bajo el escrutinio de la gente. Puede ser cualquier cosa: la apariencia, el peso y el aliento, entre otras.

Yo creo, por ejemplo, que no todo mundo sale bien librado en lo que se refiere al olor del cuerpo o el aliento. He hecho negocios con hombres que resultan ofensivos en los dos aspectos, y nadie se queja de ellos. Pero conozco a una ejecutiva de medio nivel, cuya empresa decidió que no podía ascenderla porque tenía mal aliento. Al parecer, ninguno de sus compañeros quería trabajar en sus comités ni asistir a sus juntas. Imagino que sufría de algún tipo de disfunción metabólica, pero nadie supo cómo lidiar con el asunto.

Con el peso sucede algo similar. A pesar de los enormes avances en su conciencia, los hombres continúan creyendo que todas las mujeres quieren ser delgadas. Y si alguna no lo es, dan por hecho que se debe a que carece de autocontrol, el tipo de problema que a ellos no les gustaría que se filtrara al desempeño de la mujer en cuestión.

En cambio, los hombres gordos pueden, con frecuencia, exhibir sus desbordadas cinturas como indicador de su importancia y prosperidad. Un conocido productor de Hollywood usa su enorme cuerpo (el cual cubre con estridentes y desaliñadas prendas) para indicar que es tan poderoso que no tiene por qué prestarle atención a su apariencia personal. Y lo peor es que, mientras continúe siendo un jugador importante, la estrategia le va a funcionar. En cuanto empiece a perder influencia, sin embargo, te apuesto a que se arreglará más.

7

ÉL ESCUCHA ESTO, ELLA ESCUCHA AQUELLO: DIEZ CONCEPTOS Y PALABRAS DEL VOCABULARIO PARA LA UNIFICACIÓN DE GÉNEROS

Muéstrame a una mujer que no se sienta culpable y te mostraré que es un hombre.

ERICA JONG, escritora y feminista

Durante el tiempo en que escribí este libro, entrevisté tanto a hombres como mujeres, y en nuestras conversaciones noté distintas interpretaciones de la palabra "reglas". Los hombres daban por hecho que yo estaba escribiendo un código absoluto para que las mujeres lo siguieran al pie de la letra, un manual de instrucciones. Para ellos, las reglas del juego son exactamente eso: reglas.

Lo primero que un hombre pregunta cuando participa en un juego es: ¿quién va primero? ¿Cómo se lleva el marcador? ¿Cuánto dura? A menos de que se considere un rebelde y crea que puede romper todas las reglas, el hombre siempre se apega a ellas. Ellos rara vez dan por hecho que las reglas son flexibles.

Las mujeres con las que hablé, sin embargo, creían que las reglas eran guías, indicios, sugerencias. Exactamente igual que yo. Cuando las mujeres participan en un juego son más proclives a preguntar: ¿también puede jugar mi amiga? ¿Podemos hacer que el último juego dure un poco más? Tengo que hacer un encargo de mi madre, ¿puedo volver en media hora para seguir jugando?

Las mujeres queremos tener una relación con las reglas. Cuando sea necesario, pensaremos en adaptarlas a cada situación personal en que nos encontremos. Por ejemplo, si la regla dice que en el juego participan cinco personas de cada lado en dos segmentos de treinta minutos cada uno, preguntaremos si podemos hacer un receso para cenar, o si el juego se extenderá hasta el día siguiente, si podemos añadir a dos personas en cada lado o jugar con un balón grande en lugar de uno pequeño. (Diez hombres sólo jugarían por una hora en total.)

Nosotras somos capaces de reescribir las reglas si la situación así lo exige. Lo haríamos para adaptarnos a un suceso inesperado, para evitar herir los sentimientos de la integrante de un equipo o para incluir a todos los jugadores que sea posible.

De hecho, en cuanto comencé a escribir mis ideas para este libro, supe que tendría que reestructurar algunas. Cuando le conté eso a un colega varón, me miró horrorizado. "No puedes cambiar las reglas sólo porque te dan ganas de hacerlo", dijo. La palabra "reglas" tiene un significado distinto para los hombres y las mujeres.

A través de los años he encontrado otras diez palabras cuyo significado es distinto para los hombres y para las mujeres. Éstas son las siguientes:

1
Sí (lo que significa exactamente)

Hace algunos años estaba en una junta grande y desorganizada, en donde varias personas trataban de imponer sus necesidades y planes con mucho ahínco. Tal vez la más agitada era una mujer que necesitaba incrementar el presupuesto de su departamento.

La ejecutiva llegó a la sala de juntas bien preparada: del portafolios se desbordaban fólderes y su bloc de notas estaba repleto de anotaciones a mano. Inició su presentación con impacto, pero no llevaba más de un minuto hablando cuando su jefe la interrumpió: "Tienes razón", le dijo. "Te daremos lo que necesitas."

La mujer hizo una breve pausa y luego continuó con su discurso. El jefe volvió a interrumpirla: "Ya te dije que sí."

La mujer insistió.

"Dije que sí", repitió el jefe, pero ella no le prestó atención. Siguió hablando. Entonces, el jefe levantó las manos. "Está bien", exclamó. "Cambié de parecer, la respuesta es no. ¿Ahora sí vas a dejar de hablar?"

Con mucha frecuencia me impacta la forma en que una mujer puede entrar a una junta, solicitar algo que cree que no obtendrá, recibir respuesta favorable, y aun así, seguir hablando.

Sí significa *sí*. No importa cuánto tiempo y energía hayas invertido en prepararte para un *no*.

Siempre pienso en ese momento en que una mujer recibe la más importante confirmación de su vida: "Te amo, ¿te casarías conmigo?", pero luego, en lugar de responder, pregunta: "¿Es en serio? ¿Estás seguro? ¿Te presioné para que me propusieras matrimonio? ¿Cuándo te diste cuenta de tus sentimientos? ¿Qué es lo que más te gusta de mí?"

¿Por qué hacemos esto? Una de las razones es porque, cuando somos más jóvenes, muchas aprendemos formas complicadas de manipular a la gente. Si queríamos que mamá o papá nos dejaran salir con un nuevo amigo o ir a una fiesta al otro lado de la ciudad, por ejemplo, teníamos que ser vagas y confusas, y teníamos que continuar estableciendo nuestra posición para obtener la respuesta deseada.

Pero los negocios no son la familia. Si obtienes lo que quieres, lo tomas y te callas.

Otro factor que complica las cosas: muchas mujeres en los negocios mantenemos una actitud defensiva de forma permanente porque no queremos que nos traten con condescendencia. No queremos que el jefe ceda sólo porque somos la única mujer en la sala y él no tiene otra opción más que aceptar. Queremos que escuche nuestro convincente e impecable argumento de principio a fin, y que decida que tenemos razón. Lo que queremos es que *quiera* estar de acuerdo.

Una vez más, se trata de un asunto de relaciones. Una mujer ve a dos personas, jefe y empleada, y espera que haya consenso y que éste tenga base en las sensibilidades mutuas compartidas. No quiere una respuesta impersonal, ni siquiera si es una respuesta positiva. Las mujeres necesitamos ser validadas. El hombre, por otra parte, sólo quiere una respuesta favorable.

Es posible que en la escuela hayas logrado que alguien estuviera de acuerdo contigo porque eras amigable, porque le caías bien a todo mundo o porque eras sagaz. Pero en los negocios, si consigues un *sí*, no es porque le resultas atractiva a la gente, sino porque tu idea es buena y lógica.

2
No (no significa lo que tú crees)

Como ya vimos en el apartado "Haz una petición" (y vale la pena repetirlo), del Capítulo 5: las mujeres consideramos que la palabra *no* es una de las más aterradoras que existen. Cuando teníamos diez años escuchábamos la palabra *no* y nos deshacíamos en un mar de lágrimas. "¡Si no me dejas ir a dormir a casa de Jennie, jamás querrá volver a ser mi amiga!"

Analiza el siguiente ejemplo: hace poco entró a mi oficina una joven llorando. Estaba tratando de convencer a su jefe de que le asignara un nuevo proyecto en desarrollo, pero él le dijo que no, que era mal momento para pedir algo así. Fue lo único que le dijo, que no era el momento indicado. Sin embargo, la mujer se desplomó por completo. Estaba convencida de que su idea era buena, pero ahora no tenía ganas de siquiera volver a mencionar el asunto. Su confianza estaba hecha pedazos, y en su mente, todas esas semanas invertidas en planeación, no habían servido para nada.

"Espera un minuto", le dije. "Él sólo dijo que no era buen momento. Es posible que tenga otras treinta cosas en qué pensar y tu proyecto no fuera una de ellas. Sólo te indicó que regresaras otro día." Me tomó casi una hora convencerla.

Debido a que las mujeres equiparamos un *no* con una derrota abrumadora, a menudo enmarcamos nuestras solicitudes y preguntas para protegernos del rechazo. Por ejemplo, decimos cosas como: "No creo que usted estuviera dispuesto a considerar siquiera que…", o, "¿Sería posible que me permitiera…?", o, "¿Existe al menos la más mínima posibilidad en el mundo de que yo pudiera…"

Justamente el otro día escuché a una mujer acercarse a su jefe en una junta y preguntarle, "Sé que no estoy realmente preparada para esto y que tal vez haya otras personas que ya se lo solicitaron, pero, ¿existe alguna posibilidad de que considerara permitirme trabajar en su nuevo proyecto?"

Cuando el jefe le dio una respuesta negativa, ella sólo asintió. Era como si ambos opinaran exactamente lo mismo: ella no era la persona adecuada para el proyecto.

Te reitero: *no* sólo significa que, sea lo que sea que hayas solicitado —a esa persona, en ese momento y de esa forma—, no se pudo materializar. Pero no tiene ninguna relación con si eres inteligente y talentosa, o si, finalmente, lograrás triunfar. Mi hijo más pequeño dice: "Me encanta la palabra *no*. Es el primer paso para empezar a pensar de manera estratégica en cómo convencer a mi jefe o cliente de que diga *sí*."

3

Esperanza (la peor palabra del juego)

"Espero que todo el que lea este libro se beneficie de él." "Espero que este libro tenga éxito." "Espero poder escribir otro."

Si alguna vez digo alguna de estas frases en voz alta, dispárame por favor.

Esperanza es una de las palabras más debilitantes del idioma. ¿Por qué? Porque nos hace creer que estamos actuando cuando en realidad no es así.

A las niñitas se nos inculca la creencia de que —sin importar si se trata de que el joven más guapo de la escuela nos invite al baile de graduación o de que nos elijan como la primera presidenta de Estados Unidos— lo único que tenemos que hacer es sentarnos derechas y ser inteligentes y encantadoras para que el mundo se rinda a nuestros pies. Es como si todas fuéramos Cenicienta y estuviéramos esperando que el hada madrina nos cumpliera los deseos.

Los niños también sueñan, pero la forma en que los educan les enseña que eso no es suficiente. Hasta cuando un pequeño de doce años imagina que conecta el *home-run* de la carrera ganadora, ya está aprendiendo los movimientos. Practica todos los días, memoriza el libro de jugadas e imagina la sensación de cuando el bat hace contacto con la bola.

Ya sea en la fantasía del juego, en las historias que lee, en la forma en que habla con sus amigas, la niña siempre imagina que, en vez de hacer algo ella misma, alguien lo hace en su lugar. Las niñas son más pasivas que activas.

Es un patrón que veo todos los días en la oficina y cuando viajo. Hace poco estuve en San Louis para dar una conferencia ante una multitud de jóvenes periodistas. Al terminar, veinte mujeres con aspiraciones se acercaron a mí y me entregaron sus tarjetas. Todas me dijeron que soñaban con tener un empleo como el mío. ¿Habría alguna posibilidad de que…?

Mostré mi interés en las ambiciones de aquellas mujeres. Las motivé a escribir. Les dije que si realmente eran serias en sus intenciones para obtener un nuevo empleo, debían comenzar a planear estrategias y ponerse en contacto conmigo. Luego volví a Atlanta con la seguridad —debido a la experiencia previa— de que sería muy raro si acaso volviera a escuchar de alguna de ellas. De hecho, nunca supe nada más de ninguna.

¿Acaso pensaron que con tan sólo entregarme sus tarjetas yo las llamaría al estudio de televisión o al periódico en que estuvieran trabajando, ¡y listo!, las convertiría en corresponsales de noticias?

Cuando un hombre me insiste porque quiere un empleo, sé que, en la mayoría de los casos, volveré a saber de él. Si no es así, doy por hecho que ya consiguió algo.

¿Qué es lo que se necesita para que las mujeres nos permitamos hacer algo más que sólo tener esperanza? La palabra que deberíamos usar es *querer*. Es la que usan los hombres. Ellos no dicen: "Espero que", sino "Quiero que". "Quiero ese empleo." "Quiero ganar ese salario." "Quiero llegar a ser gerente."

Al decir en voz alta que deseas algo, te estás dando a ti misma un pensamiento de poder, y ese es el primer paso para que tu plan despegue.

Las palabras *esperanza* y *deseo* están tan llenas de magia como los cuentos de hadas en que se escuchan. Pero los negocios y la vida no son mágicos. Hace poco participé en un panel junto a otras cuatro mujeres de éxito. Cuando les preguntaron sobre sus fórmulas para triunfar, todas ellas respondieron: "Yo trabajé con más ahínco y sagacidad que los demás."

El éxito no tiene que ver con desear, orar y esperar volverse exitosa. El éxito depende de decidir que quieres alcanzarlo, y luego hacer que eso suceda.

4
Culpabilidad (significa problemas)

En mi diccionario, se define *culpabilidad* como: "un doloroso senti-miento de reproche a uno mismo, proveniente de la creencia de que se hizo algo mal." La definición no está ilustrada —de hecho, la única imagen que me detuve a observar fue la que aparece junto a la pala-bra *guillotina*—, si hubiera una ilustración para *culpabilidad*, estoy casi segura de que en ella aparecería una ejecutiva de negocios.

Las mujeres nos sentimos culpables todo el tiempo. Nos educaron para ser niñas buenas, y luego nos permitimos llegar a ser víctimas de nuestras propias buenas intenciones. Queremos ser supermujeres, ca-paces de hacerlo todo, y cuando fallamos, nos sentimos devastadas. Hasta la guillotina nos serviría en este caso.

Aparte de hacerte infeliz, la culpabilidad te impide funcionar. ¿Có-mo puedes mantener la mirada fija en tu objetivo si constantemente te reprendes por detalles insignificantes? Ahí estás tú, en una junta ya muy tarde por la noche, discutiendo el siguiente gran paso de la empresa, pero no puedes concentrarte en el plan maestro porque hay varios pensamientos que no te dejan en paz: olvidaste llamar a tus pa-dres, olvidaste ordenar el pastel de cumpleaños, no hiciste la llamada que tenías pendiente a la asociación de ex alumnos de la universidad…

Piénsalo. Quizá olvidaste algunos asuntos. A todas nos pasa. Es posible que hayas cometido un error. Todas los cometemos. ¿Y qué con eso?

Un hombre en una junta no se preocuparía, ni siquiera si tuviera la responsabilidad de pasar a comprar una buena cena antes de volver a casa y supiera que ya no le dará tiempo para eso. Sabe que su familia no se va a morir de hambre. Sabe que el acabado final es lo que importa. El hombre no se permitirá quedarse estancado en los detallitos. No hay nada de malo con pasar a comprar comida rápida si es necesario.

En el campo de juego, la palabra *culpabilidad* no existe en absoluto. Siempre y cuando jueguen apegados a las reglas, los hombres no se sentirán culpables por haber ganado o por haber arrasado con sus rivales. Los hombres se enfocan en el juego, exclusivamente en el juego.

El hecho de que no puedas hacer todo bien tampoco significa que lo hagas todo mal. Relájate. Si te sientes culpable cada vez que la vida deja de ser perfecta, te sentirás culpable todo el tiempo.

5

Lo siento (es una palabra que da pena)

Un hombre le dice a una colega que el carrito del café se retrasó, que no puede encontrar su celular, que el equipo de futbol de su hijo perdió un juego muy importante, que la empresa está revisando los pronósticos de ganancias y éstas van a la baja, que tiene que despedir a su asistente, que su jefe está molesto con él, que el mundo se va a acabar.

Y la respuesta de ella a todos estos asuntos es: "Lo siento".

Las mujeres somos adictas a la frase "lo siento". "Lo siento pero tengo que preguntarte…", "Lo siento pero tengo que hacer esto…", o "Siento mucho lo que pasó." Esta frase la usamos en un intento por vincularnos con otra persona, a pesar de que la mayor parte del tiempo ni siquiera nos escucha.

Cuando decimos "lo siento", rara vez nos referimos a algo que hicimos mal. Si ese fuera el caso, en lugar de mascullar una disculpa debilucha, deberíamos hacer una declaración firme que explique por qué cometimos ese error. O quizá debamos preguntar de qué manera podemos compensarlo o evitar que vuelva a suceder. Cuando yo realmente me siento apenada por algo que hice, digo que en verdad estoy arrepentida de mis acciones y estoy muy preocupada, pero nunca digo "lo siento".

Cada vez que un hombre escucha un "lo siento", infiere que cometiste un error. Digamos que tu jefe te cuenta sobre un compañero que arruinó una venta, haciéndole así perder un contrato a la empresa. Tú buscas en tu mente algo que puedas decir y que suene consolador, y siempre terminas con un "lo siento". Tú crees que estás siendo amable, pero el hombre sólo te escucha disculparte por haber hecho algo mal. "¿Por qué lo siente?", se pregunta. "Ella no tuvo nada que ver en el asunto. ¿O sí?"

El hecho de que digas que lo sientes no tiene nada que ver con tu capacidad para sentir empatía por la desgracia de otra persona. De hecho, esta frase tiene tan poco significado que casi transmite implícitamente la idea de que el problema te da lo mismo. Ninguna mujer podría decir, "lo siento", y de verdad "sentirse" tan apenada como dice, en esa misma proporción. Si lo hiciera, sencillamente no podría funcionar como ser humano.

6

Agresivo (no es asertivo)

Aquí tienes una situación muy común: el jefe está tratando de cubrir un puesto de mucha importancia. En la entrevista, un solicitante varón se jacta de sus habilidades, explica por qué es la persona idónea para el empleo y exhorta con muchas ganas al jefe para que lo elija. En cuanto se va, el jefe lo califica como agresivo y lo hace como un cumplido.

Una mujer entra a la oficina y, de manera similar, presume de sí misma, dice que ella es la más obvia elección y hace presión para que la decisión se tome pronto. Al jefe le parece que ella es dominante, controladora y difícil. Cuando la mujer se va, el jefe la critica y la califica de agresiva.

Agresivo es una palabra compleja en el contexto de los negocios. Cuando un hombre aplica el término refiriéndose a otro hombre, quiere decir que se trata de un individuo atrevido y enérgico; un hombre que quiere ganar y que tiene la fuerza y las habilidades para cumplir su objetivo. Pero cuando los hombres utilizan esa misma palabra para describir a una mujer, cambia la definición. La mujer se convierte en una persona avasalladora, que discute y trata de dominar.

Para una mujer —tanto al referirse a hombres como a otras mujeres— *agresividad* implica hostilidad, mezquindad. Tiene que ver más con uno mismo que con la autoestima. La agresividad está relacionada con dominar a otras personas, más que con comprometerse con ellas.

En resumen: los hombres reservan las connotaciones positivas del término para sí mismos, y a nosotras nos aplican las negativas. Ya nos relegaron a la palabra *asertiva*, que es lo que nos permiten ser cuando queremos empujar hacia el frente; sin embargo, éste es un término más bien débil.

Si los hombres necesitan ser agresivos para tener éxito, ¿por qué a nosotras no se nos permite serlo también? Si dejamos que las connotaciones positivas de este adjetivo sólo se apliquen a los hombres, estaremos permitiendo que nos despojen de la capacidad que tenemos en potencia.

7
Pelea (no es una palabra agradable)

Jacob y Jeanne trabajaron en la misma compañía durante muchos años. Ambos comenzaron sus carreras más o menos al mismo tiempo, y los dos llegaron a ser vicepresidentes.

Al igual que la de cualquier otra persona exitosa de negocios, la carrera de Jacob ha tenido muchos altibajos, y hace no mucho tiempo se encontró en una situación política que lo hacía particularmente vulnerable. Sin embargo, él confiaba en que sobreviviría como siempre había sucedido en el pasado, hasta que, cuando menos se lo esperaba, Jeanne lo acuchilló por la espalda.

¿Cuál fue la razón? Los dos se habían involucrado en una amarga guerra territorial casi diez años antes. Fue una guerra en la que Jeanne no había querido participar. Luego se hizo evidente que Jacob estaba decidido a resolver el desacuerdo a punta de golpes bajos y, al final, él triunfó.

Una vez derrotada, Jeanne dio la impresión de ceder por completo, y ambos volvieron a trabajar en paz. Pero la verdad es que Jeanne nunca dejó de conspirar contra Jacob, hasta que, finalmente, encontró la manera de herirlo de manera irreparable.

Jacob no tenía idea de que la guerra aún prevalecía.

Ataque, guerra, batalla. Para un hombre, una buena pelea debe tener un espíritu —¿de qué otra manera podría expresarlo?— masculino, digamos. Para los hombres, las peleas deben implicar fortaleza, dignificación y honorabilidad. Uno no golpea por debajo del cinturón.

Tampoco apuñalas por la espalda. Nunca le das un puñetazo a alguien que lleva gafas.

A los hombres les gusta pelear. Comienzan a hacerlo entre sí desde que son niños, y continúan hasta que ya no pueden dar un golpe más. Los hombres pelean cuando juegan beisbol o basquetbol, e incluso cuando llevan los patines y los pesados uniformes que se usan en el hockey. (La gran frase de Rodney Dangerfield es: "La otra noche fui a ver una pelea, y de pronto estalló un juego de hockey"). Conozco a una enfermera que trabaja en un asilo, y ella me cuenta que con frecuencia tiene que intervenir en riñas a puñetazos entre dos octogenarios que se pelean por ganar un espacio para mecerse en su silla, en la terraza del frente.

Las mujeres, en cambio, evitamos pelear a toda costa. De vez en cuando me topé a un par de muchachas dándose de bofetadas, pero fuera de eso, no recuerdo haber visto a mujeres involucradas en enfrentamientos físicos. Y tampoco recuerdo haberlas encontrado peleando mientras participaban en un juego. Si perdías y te enojabas, lo más impactante que podías hacer era rezongar y salir con un azotón de puerta. Y si de verdad eras mala, tal vez te llevabas la pelota o el tablero del juego.

¿Pero involucrarse en franca batalla? Difícilmente. ¿Qué tal si te lastimabas? Un chico con el ojo morado se ve rudo. Una niña parecería algo sobrenatural.

Como nosotras no consideramos que las peleas sean un deporte, creemos que el concepto de una pelea justa es un oxímoron. Para empezar, la pelea no debería ni suceder. Si acaso inicia, las reglas son lo primero en salir por la ventana. Cuando una madre gato lucha para salvar a sus gatitos, su comportamiento no tiene límites. Hace lo que tiene que hacer, aunque eso incluya matar, si es necesario.

Para un hombre la lucha es parte del juego. Uno gana, el otro pierde, y luego el ganador le invita un trago al perdedor. Pero claro, hay que permitir que el oponente siga respirando para poder volver a jugar.

La próxima vez que te involucres en una pelea con un colega varón, recuerda que, mientras tú estés pensando que se trata de una guerra apocalíptica, él tal vez sólo la considere una escaramuza breve. Además, es probable que él disfrute del proceso mucho más que tú, y por eso, tienes razones de sobra para terminar rápidamente con el asunto.

8

Juego (también conocido como diversión)

Tal vez se deba a que la palabra *juego* está cargada de significados cuando se aplica a las relaciones. Por ejemplo: "Ya no podía seguir saliendo con Joey porque le gustaban demasiado los *juegos.*" O tal vez es porque creemos que no somos tan buenas como los hombres para jugar. Quizá sentimos que si jugamos contra un hombre, la expectativa siempre es que salgamos perdiendo. La razón no importa, pero cada vez que escuchamos la palabra *juego* nos ponemos un poco nerviosas.

Los hombres, en cambio, son más propensos a sonreír con tan sólo escucharla. Esta palabra se refiere a algo divertido. Cuando juegan, los hombres siempre piensan que van a ganar, ¿cómo no habría de gustarles?

Ahora te diré un secreto de hombres: nadie llega a ser director ejecutivo si recorre el camino paso a paso. Si no puedes ir encontrando maneras de conservar el entusiasmo por tu trabajo, terminarás en la lona.

Es la razón por la que los hombres convirtieron los negocios en un juego. Eso les ayuda a diseñar nuevas jugadas, a inventar tácticas, a crear nuevas estrategias para vencer a sus rivales. Les permite divertirse mientras trabajan.

Yo he tenido oportunidad de verlo con mis propios ojos entre los asistentes de reclutamiento y los productores. Gracias a que sienten que los negocios son un juego, los que son verdaderamente buenos aceptan los desafíos como parte del empleo. Son hombres que se divierten imaginando maneras de hacer lo que parece completamente imposible. Llevan a los programas a invitados que a nadie más se le hubiera ocurrido que estarían dispuestos a aparecer en programas de televisión en cadena.

Pensar que el trabajo es un juego es la mejor manera de mantener límites firmes entre tú y el trabajo mismo. Conozco a muchas mujeres que enfurecen con su jefe, que se irritan por culpa de un nuevo compañero de trabajo, o que se angustian por un proyecto que está por venir, pero que, para colmo, además son incapaces de alejarse de la oficina porque no pueden dejar de regodearse en su infelicidad.

Si tú te ves inmersa en una situación difícil, no permitas que ésta se convierta en crisis personal. En lugar de eso, cada vez que pierdas un contrato o no obtengas el ascenso que esperabas, transforma esa energía negativa en algo más constructivo como un nuevo plan de juego que te conduzca al éxito.

Y recuerda que todos los juegos tienen un límite de tiempo específico. Cuando se acabaron, se acabaron. ¿Qué pasa si perdiste? En cuanto comience el siguiente juego, todo mundo se convierte en posible ganador otra vez. Si sigues lamentándote por lo que sucedió en la transacción anterior, no estarás lista para la que viene.

9

Límite o techo de cristal
(es una frase de ellos, no nuestra)

Tengo una amiga que cuenta esta anécdota de su infancia. Ella, su hermano mayor y sus amigos jugaban a los indios y los vaqueros, o a policías y ladrones. Con mucha frecuencia ella era la única niña. Cada vez que le estaba yendo bien en el juego, su hermano gritaba: "¡No tienes permiso de entrar a la zona prohibida!" Mi amiga no sabía lo que era eso o por qué aparecía, pero siempre anulaba sus probabilidades de ganar. Como estaba fascinada de que los chicos la dejaran jugar, se apegaba a la regla. Eso era mucho mejor que jugar sola.

En la actualidad me preguntan mucho sobre el "techo de cristal", y cada vez que lo hacen, me dan ganas de gritar, "¡La zona prohibida no existe!"

Porque después de todo, ¿acaso no es posible que el techo de cristal, esa barrera transparente que hay en todas las corporaciones y que les impide a las mujeres seguir ascendiendo, sea una invención masculina? ¿Lo aceptamos como realidad sólo porque, efectivamente, no hay mujeres en los niveles superiores? Tal vez sólo es un punto natural de descanso que no hemos descubierto cómo sobrepasar.

En el pasado, las mujeres ya rompimos muchos de estos "techos", y en cada ocasión, el límite en cuestión se movió hacia arriba. Alguna vez estuvo justamente por encima del puesto de vicepresidente, luego del de vicepresidente ejecutivo, y luego del de presidente. Ahora se cierne sobre el puesto superior. Tú podrías usar esta metáfora hasta que todos los puestos de Estados Unidos los ocupara una mujer.

Pero el problema con el concepto del techo de cristal es que les da a los hombres un pretexto para no tratar a las mujeres como iguales. ¿Alguna vez has participado en un juego en el que tu rival te dice que no tienes permiso de ganar, y tú le crees?

Es cierto que, en el camino hacia la cima, a muchas de nosotras nos han detenido en algún punto, pero no podemos culpar de ello solamente al techo. Hay muchos otros factores complejos involucrados.

Factor uno: nosotras deseamos una vida equilibrada. Por ejemplo, a veces tememos que, si llegamos a la cima, no tendremos suficiente tiempo para disfrutar de nuestra vida. Ese es otro mito. Hay muchísimas gerentes a nivel medio que trabajan mucho más que los directores ejecutivos. No hay más ni menos equilibrio en el pináculo que a medio camino del ascenso.

Factor dos: como no solemos asumir puestos que conduzcan a la cima, y como, con mucha frecuencia, en lugar de ser quienes toman las decisiones, nos conformamos con tomar los empleos tradicionalmente reservados para mujeres, no muchas ocupamos los puestos que nos servirían como trampolín para llegar a ser directoras ejecutivas. Catalyst, la organización no gubernamental que se dedica a estudiar los problemas de las mujeres en los negocios y el ámbito laboral, nos dice: "Sólo 6.8 por ciento de todos los funcionarios en la línea corporativa son mujeres… si (tuviéramos que señalar) la mayor barrera en el avance de las mujeres sería ésta." Dicho de otra forma, las mujeres tenemos que empezar a buscar y obtener en mayores cantidades esos puestos en la línea corporativa y aquellos en los que se toman las decisiones de importancia.

Factor tres: falta de confianza en nosotras mismas. Tenemos que recordar que tanto *puedo* como *no puedo* son oraciones verdaderas. Si crees que puedes, así es. Si crees que no puedes, entonces no podrás.

Cada vez que te crees el concepto del techo de cristal o piensas que no hay manera de que obtengas el ascenso, lo que estás haciendo es decir *no puedo*. En cuanto sales del mundo de lo posible y entras al de lo imposible, haces que tus más grandes temores se vuelvan realidad. Te vuelves más cuidadosa y suspicaz, estás más alerta de una forma negativa. En lugar de incrementar tu potencial, lo que aumenta son tus dudas.

¿Por qué perpetuar un mito que implica que eres una persona a la que le suceden las cosas en lugar de una que hace que las cosas sucedan? ¿Por qué no sólo le dices a tus colegas (tanto a hombres como a mujeres) que el techo de cristal no existe y que tú planeas demostrarlo? Imagínate si Colón hubiera creído que la Tierra era plana. Algún día dirán algo similar acerca de las directoras ejecutivas de las empresas de *Fortune 500:* "Imagínate si realmente se hubieran creído el mito del techo de cristal."

Nota: todos los días escucho noticias sobre alguna mujer que abandona una corporación estadounidense para trabajar en su propio negocio. Ciertamente puedo entender algunas de las razones que están detrás de esta tendencia porque conozco las dificultades que enfrentan las mujeres, desde la convicción de que no podemos triunfar con la misma facilidad que un hombre, hasta la necesidad de atender a nuestras familias.

Sin embargo, yo exhortaría a las mujeres a pensarlo con mucho cuidado antes de renunciar. Una vez que abandonas la arena corporativa, ya no vuelves a tener el mismo impacto en los negocios, y eso, a su vez, significa que ya no tienes el mismo impacto en el mundo. Si queremos hacer que nuestras formas de negociar y nuestros productos sean más femeninos y más acordes con las necesidades de la familia, tenemos que ser parte del equipo que los genera. Es importante que habitemos en los ámbitos de poder, ocupando la mayor cantidad posible de puestos.

Irse no ayuda a las que nos quedamos. No ayuda a modificar la forma básica en que se realizan los grandes negocios. Las corporaciones grandes le dan forma a nuestras vidas. Producen los programas de entretenimiento que condenamos, los alimentos que consideramos poco saludables y la publicidad que nos parece degradante. Entre más mujeres pertenezcamos a este ámbito, menos de estos elementos negativos nos afectarán.

10
Futuro (entonces y ahora)

Hace algunos años estuve en una junta de planeación para una organización sin fines de lucro. Debíamos tomar varias decisiones importantes acerca de la dirección que seguiríamos, y noté que, después de discutir cada problema, surgía una división entre hombres y mujeres.

Entonces se me ocurrió preguntar: "Cuando nos referimos aquí a 'el futuro', ¿de qué estamos hablando?"

Todos los hombres dijeron que hablaban del siguiente año. Las mujeres señalaron que ellas se referían a muchos años de distancia. Me quedé intrigada.

Al día siguiente, en una junta en mi oficina, paseé por la sala de juntas pidiéndole a la gente que definiera lo que *futuro* significaba para cada quien. Sin excepción alguna, los hombres hablaron de "entre seis meses y un año" y las mujeres, de "entre diez y cincuenta años".

Las mujeres piensan en el futuro en términos humanos biológicos. El futuro es lo que nos sucederá con los años, pero también lo que les sucederá a nuestros hijos y nietos. La casita de muñecas no deja de existir sólo porque dejas de jugar con ella. Tal como pensaba aquella mujer de mi curso de negocios que quería extender su juego de cartas lo más posible, sé que los juegos más satisfactorios son los que se pueden prolongar indefinidamente.

Pero los juegos masculinos tienen límite de tiempo. En algún momento, cuando suena la campana o cuando ya hay un ganador indiscutible, el juego termina. Fin del futuro. Entonces comienza otro juego y, por lo tanto, otro futuro.

La mujeres podemos ser excelentes pensadoras conceptuales. En las reuniones somos quienes imaginamos todos los panoramas futuros posibles, tenemos una visión extendida, lo vemos todo. Si nadie nos detiene, podemos llegar a sugerir tantas opciones, que tomar una decisión se vuelve imposible. De esa manera podemos mantener el juego vivo por siempre.

Este enfoque, sin embargo, puede irritar a los hombres presentes que no participan en nuestro juego y no quieren hacerlo. Si necesitan tomar una decisión ahora, es posible que no quieran escuchar lo que podría suceder en unos cinco años. Ellos prefieren lidiar con las complicaciones después. En este momento se tiene que actuar.

Naturalmente, no tiene nada de malo pensar en el futuro como ese momento a cuatro décadas de distancia, a menos de que tu jefe esté hablando de sólo cuatro semanas. No tienes que modificar tu marco conceptual, pero cuando se tengan que tomar decisiones, trata de permanecer en la misma zona temporal de los hombres que te rodean.

8
¿CÓMO ENTRAR Y SALIR DEL JUEGO?

*Cuando pienso en una supermujer. me refiero a
alguien que friega sus propios pisos.*

BETTE MIDLER, actriz y cantante

Ella limpia la casa, lava el auto, lee a los niños, lleva al perro al veterinario, cuida a su madre, hace la comida, trota dieciséis kilómetros a la semana, dirige una sección con ganancias importantes, conduce a su equipo, lidia con su matrimonio, administra el hogar. Lo hace todo.

No, no es así.

Todas creemos que debemos hacer todo. Y, de hecho, algunas podemos hacer casi todo bastante bien, pero yo todavía no conozco a la supermujer que pueda hacer todo a la perfección. Siempre faltará algo.

Y por lo general, ese algo que siempre falta eres tú. Si das todo lo que tienes a las demás personas de tu vida, rara vez tendrás tiempo para cuidarte a ti misma.

Ahora que por lo menos una generación de mujeres ya aprendió esta lección, estamos comenzando a definir nuestros límites de una forma más realista. No tiene nada de malo decidir enfocarte en sólo una parte de tu vida en un momento determinado. Quizá eres soltera o casada pero sin hijos, y quieres dedicarle todo a tu empleo. Está bien. O tal vez decidiste tomarte algunos años para tener hijos. También eso está bien. No se trata de dar excusas para eludir responsabilidades, sino de tomar decisiones informadas.

Muchas mujeres desprecian el "camino de las mamis" porque implica que, una vez que aminores la marcha para tener una familia, no tendrás oportunidad de volver al equipo. Según ellas, debes elegir entre ser mamá o vicepresidenta, pero no puedes ser ambas.

Yo creo, sin embargo, que puedes ser ambas, incluso si te tienes que apartar del camino por varios años. Conozco a muchas mujeres exitosas que enfocaron toda su energía en sus hijos cuando eran pequeños, y luego volvieron al ámbito de trabajo, y se desempeñaron con mayor energía y éxito que antes.

En otras palabras, no sólo tienes un tiro en el tablero de juego: tu carrera puede ser *secuencial*, pero también puede ser *simultánea*.

Y aquí hay otra sorpresa. Puedes aprender una cantidad asombrosa de cosas mientras realizas todas aquellas labores que definimos con ese término tan complejo y lleno de connotaciones: tareas del hogar.

Echa un ojo a mi vida. Cuando fui joven tuve maravillosos empleos que implicaron trabajar para tres congresistas distintos. Después de eso estuve en la oficina de asesoría legal de la Casa Blanca, redactando la legislación de derechos civiles. En ese tiempo, di por hecho que mi carrera se desarrollaría en la política.

Pero luego me enamoré de un reportero de la Casa Blanca y me casé con él. Cuando CBS lo nombró corresponsal de derechos civiles, yo, como buena esposa, abandoné la carrera que tenía en Washington, D. C., y me mudé con él a Atlanta para que desempeñara su nuevo trabajo.

Como había trabajado en la oficina de derechos civiles de la Casa Blanca, estaba familiarizada con las historias que mi esposo cubría. Y como no tenía otra cosa que hacer, salía mucho con él. En aquel entonces, CBS tenía reglas muy estrictas para evitar el nepotismo, y por eso, no había oportunidad de que él me contratara. Pero uno de los reporteros de ABC que conocía mis antecedentes me ofreció un empleo allá. Yo acepté, y ahora tengo una carrera en televisión.

Luego, dos semanas antes de la fecha estimada para el nacimiento de nuestro primer hijo, nombraron a mi esposo jefe de la oficina de CBS en Moscú. Una vez más, mi opción fue seguir a mi esposo adonde tuviera que ir. Y una vez más, CBS se negó a contratarme, aunque, de hecho, terminé dirigiendo aquella oficina.

Regresamos a Atlanta tres años después. Ya teníamos dos hijos. Mientras trabajaba un poco con ABC, me embaracé del tercero.

Cuidé a los niños entre 1971 y 1978, pero también acepté algún empleo ajeno a lo que acostumbraba; hice bastante trabajo sin fines de lucro y fundé una pequeña empresa de consultoría en mi cocina, literalmente. Llegué a CNN porque mis amigos de ABC, que se encontraban entre los primeros presentadores de CNN, me pidieron que fuera productora editorial.

De manera que hubo un periodo de diez años entre mis empleos de tiempo completo, pero eso no significa que haya desperdiciado mi intelecto en ese tiempo. De hecho, ahora les digo a las mujeres que todo lo que he necesitado saber sobre el negocio lo aprendí manejando: trayendo y llevando niños de otras familias.

Piénsalo. Tener a seis niños en un auto te enseña a negociar. Si todos quieren sentarse atrás, junto a la ventana, necesitas cerebro para encontrar la solución, a menos de que no te importe manejar hasta la escuela con una tribu de niños de seis años berreando. Esta situación no es muy distinta a la de estar en medio de una crisis laboral, en la que todo mundo está vuelto loco y exige control.

¿Quieres que te poden el césped todas las semanas y no pagar mucho? Es una transacción salarial. ¿Necesitas a alguien confiable para que limpie tu casa? Esa es una habilidad vinculada al reclutamiento. ¿Alguien tiene que cuidar a tus hijos? Eso te servirá para aprender a delegar. Comprar los víveres con un presupuesto definido te enseñará responsabilidad fiscal. Lidiar con una agencia de seguros tras un accidente automovilístico te preparará para las negociaciones financieras. Saber cuándo y cómo enviar notas de agradecimiento te mostrará la importancia de hacer que tu personal se sienta apreciado. Y organizar una cena elegante para doce personas con tan sólo cuatro horas de anticipación porque te acaban de avisar, exige tanta coordinación como cualquier otra tarea de importancia que yo haya visto realizarse en CNN.

Pero estas tareas no solamente son similares a las que realizas en la oficina. En muchos casos, las tienes que llevar a cabo bajo mayor presión porque muchos dan por hecho que las tareas domésticas no exigen habilidades reales, la sociedad ha menospreciado tanto estos empleos, que rara vez reconocemos que realizarlas exige verdadero talento.

(De acuerdo con un estudio reciente realizado por Edelman Financial Services, con base en los salarios promedio del país, las madres estadounidenses deberían ganar 508 700 dólares al año como cocineras, gerentes financieras, psicólogas y conductoras de autobuses.)

No tienes que vivir la vida como si sólo fueras a tener una oportunidad. Haz todo lo que puedas o quieras, pero hazlo dentro de tu propio marco temporal. Recuerda que si tratas de hacerlo todo, no será perfecto.

Hace poco di un discurso para un grupo de mujeres con las que había hablado cinco años antes. Al terminar mi participación, Jennifer, una de ellas, me recordó que la última vez que nos vimos me pidió consejos personales. Cuando lo hizo, su carrera iba bien, pero acababa de dar a luz a su segundo hijo y quería un empleo de medio tiempo para poder estar en casa.

El problema era que tenía una competidora. Jennifer estaba convencida de que una mujer sin hijos que conocía le arrebataría su empleo si ella lo dejaba. Entonces me recordó que, cinco años atrás, le dije que siempre era posible encontrar un nuevo empleo, pero que no sucedía lo mismo con los hijos.

Jennifer también me recordó que le recomendé no arrepentirse de nada. Estaba tomando una decisión y podía sentirse orgullosa de ella. Nadie la estaba forzando a dejar el empleo.

En esta ocasión, Jennifer me contó que llevaba seis años trabajando medio tiempo, pero que estaba a punto de volver a un empleo de tiempo completo. Lo irónico de la situación era que en su nuevo empleo remplazaría a aquella otra mujer quien, efectivamente, fue ascendida como Jennifer temía. No obstante, ahora ella estaba embarazada y se iba a tomar algunos años para estar en casa.

Con lo anterior no quiero decir que todas las historias tienen final feliz; naturalmente, eso no es cierto. Mi punto es que hubo un tiempo en que *ninguna* de estas anécdotas del mundo de los negocios o laboral terminaban bien para las mujeres. Que ahora sí suceda en varios casos es un indicador saludable de que ha habido cambios.

Tener una carrera secuencial significa que, cuando estés lista, podrás volver al trabajo que tanto te gusta, con la capacidad de ver nuevas posibilidades y abrirte a ideas novedosas. A mí nunca se me habría ocurrido trabajar en televisión, pero cuando lo hice, noté que mi experiencia en la política me había preparado muy bien para el nuevo empleo porque me enseñó a pensar como político. Cuando tuve que lidiar con el Capitolio, pude entender cómo operaban las sutilezas sin tener que hacerle preguntas a nadie.

Muchas mujeres jóvenes creen que si dejan un empleo de tiempo completo, las personas que están a su mismo nivel habrán avanzado mucho más para cuando regresen. Esto me lleva de vuelta al problema del plan a diez años (ver el apartado "Establece el objetivo correcto" del Capítulo 3). Si tú crees que todo lo que haces es parte de una estrategia a largo plazo, y que cada movimiento es un peldaño más en la escalera, estás olvidando el hecho de que casi cualquier situación en la vida puede ser una experiencia de aprendizaje. El camino alterno sólo se convierte en un callejón sin salida si olvidas que, con frecuencia, los senderos laterales pueden conducir a emocionantes lugares inexplorados.

Hay otras ocasiones, sin embargo, en que querrás dejar tu trabajo por otras razones que no son porque quieres criar a tus hijos, porque te enamoraste de alguien que vive al otro lado del país, o porque tus padres son mayores de edad y tienes que cuidar de ellos. A veces, sólo quieres salirte del juego. En otros momentos, los poderes que prevalecen dejan muy claro que ellos son los que te quieren fuera del juego.

Un estudio reciente muestra que el estadounidense promedio llega a tener ocho empleos distintos a lo largo de su vida.

Las señales están por todos lados. Ya no te asignan las tareas deseables, te marginan de las juntas importantes, el jefe deja de pedir tu opinión, las sagaces mujeres de la empresa ya no te consideran su mentora. Encontraron a alguien más joven.

O tal vez las señales son internas. Estás tan resentida con tu superior que ya no puedes soportar el paso de las horas. Y en poco tiempo ya estás repitiendo esa misma grabación en tu cabeza una y otra vez, que dice: "Odio lo que hago. Odio mi empleo. Odio mi carrera".

Si esto es lo que te pasa por la cabeza cada mañana cuando despiertas, tienes que actuar de inmediato.

Los hombres siempre tienen un plan para momentos como éste. De hecho, al mismo tiempo que desarrollan la estrategia para pertenecer a un equipo, desarrollan la estrategia para abandonarlo. Han jugado suficientes juegos para saber que tienen que estar listos para hacer un movimiento enérgico cuando sea necesario. En el mundo de la televisión, cada vez que una cadena tiene problemas, da la impresión de que los hombres son los primeros en tener listo un currículo, en hacer nuevos contactos, en llamar a los reclutadores. Los hombres siempre están listos para venderse en cualquier momento.

Piénsalo de esta manera: tanto los hombres como las mujeres se desenvuelven en el trabajo como lo hacen en las relaciones. Los hombres, inclinados a la poligamia, siempre buscan oportunidades múltiples. Las mujeres, más dadas a la monogamia, queremos que nuestro empleo dure mucho tiempo. Nosotras podemos llegar a sentirnos tan apegadas a nuestra empresa, que a veces nos negamos a irnos, incluso a pesar de que somos infelices ahí. Esto nos hace parecer trabajadoras maravillosamente leales, pero también nos puede convertir en víctimas. Queremos quedarnos y probarnos a nosotras mismas, pero, mientras tanto, nos explotan y nos pagan poco. Nuestra situación es miserable e indignante, pero, muy a menudo, no nos vamos.

¿Por qué? Tal vez porque nos da miedo correr riesgos.

Pero, ¿sabes?, a veces la única decisión correcta es irse.

Y casi siempre hay una recompensa. Mi amiga Jo trabaja en tele-comunicaciones y odió su empleo por años. Su reiterativo discurso era: "Yo hago todo el trabajo y mi jefe se lleva todo el crédito", y se lo repetía en su cabeza todas las mañanas mientras se dirigía a la oficina y cada tarde cuando regresaba a casa. Le pagaban bien, pero la trataban mal y se sentía amargada.

Jo se abrazó a sí misma, entró a la oficina de su jefe y le dijo que había encontrado otro trabajo. Luego se unió a una empresa recién fundada en donde fue extremadamente feliz. Por un año. La empresa quebró y ella se quedó sin empleo, otra vez en la casilla cero del tablero.

¿Pero de verdad regresó a la casilla cero? Se encontraba con su (bueno, nuestro) peor panorama hecho realidad. Como cuando la sabiduría tradicional te convence de que si dejas a tu marido o pareja te quedarás sola en el mundo.

Pero la realidad fue que Jo consiguió un nuevo empleo en un mes y su jefe la contrató precisamente por su espíritu empresarial. Después de todo, había dejado una empresa importante para trabajar en una compañía recién fundada, y ahora contaba con el bagaje de lo aprendido en ese difícil año inicial.

Jo corrió un riesgo y le sucedió lo peor, pero, aun así, salió ganando.

Deja ese empleo cuando sepas que debes hacerlo. Pero hazlo de una manera inteligente. Es muy común que al llegar al punto de quiebre actuemos impulsivamente. "Me voy a vengar de ellos", pensamos. "Les voy a dar una sopa de su propio chocolate. Me voy a ir en este preciso momento, y así aprenderán un poco."

Pero no puedes salir abruptamente del campo de juego. Al niño que abandona de golpe el equipo lo atacan con tanta fuerza, que siempre se ve forzado a aprender la lección: si perteneces al equipo, te quedas en él hasta que es evidente que debes irte. Si dejas la empresa en un arranque temperamental, tus colegas te calificarán de desleal, poco confiable y, para colmo, dirán que eres una perdedora. Y esa reputación nadie la quiere.

Mejor trata de diseñar un plan inteligente. Llama a tus contactos, haz pruebas, envía tu currículo, reúnete con un reclutador. Lee la sección de empleos en los clasificados del periódico, pero no sólo lo hagas con los mejores deseos, hazlo con un propósito firme. Si ves algo interesante, actúa. Cuando hayas asegurado el nuevo empleo, habla con tu jefe de una forma considerada e inteligente. Hazle saber que has aprendido mucho trabajando con él, pero que ha llegado el momento de que ambos sigan adelante. Si fuiste cuidadosa al elegir a tu jefe (recuerda que es más importante tener un buen jefe que un buen empleo), él seguramente entenderá que se trata de un hecho consumado sin que te haga sentir culpable.

Debes saber que, si no eres feliz, es muy difícil que tu desempeño en el trabajo sea sólido. Repítete a ti misma que, al orquestar con gracia tu salida y darle a tu jefe la posibilidad de que traiga a alguien que pueda desarrollar tu trabajo con frescura y entusiasmo, le estás haciendo un favor a la compañía.

Un buen jefe quiere saber si estás contenta o no. Yo, en lo personal, decidí establecer una regla para la gente que trabaja conmigo: si no soy la primera en enterarme de que no están felices, se meterán en problemas.

A pesar de lo poco posible y desagradable que pueda parecer, si planeas bien tu salida, quizá estés realizando la jugada menos riesgosa de tu carrera. Tanto tú como la empresa se beneficiarán.

PISTA PARA EL JUEGO

Una buena forma de irse bien implica que dejes de pensar que tu trabajo actual es el único que te permitirá tener una gran carrera, porque esta creencia te puede hacer sentir más frustrada a medida que crezca tu descontento. Repítete que este empleo es sólo un medio para alcanzar un fin. En otras palabras, sólo estás ahí por el cheque de nómina que te dan.

Piénsalo de esta forma: no es el lugar para mí, pero necesito pagar la renta (o ahorrar para pagar la universidad o construir un fondo de retiro), y por eso, no puedo abrir la puerta e irme.

Si puedes llegar a considerar que tu trabajo representa sólo un beneficio económico, y no un compromiso de por vida, podrás despojarlo de una fuerte carga de significado. Y eso te permitirá ir a trabajar o después irte con facilidad.

El año de 1999 fue muy importante en los deportes profesionales. O, al menos, fue el año en que muchos atletas decidieron dejar sus empleos. Michael Jordan, Wayne Gretzky, Cal Ripken Jr. y John Elway se retiraron del basquetbol, del hockey sobre hielo, el beisbol y el futbol americano, respectivamente. Es posible que dos de ellos estuvieran en el mejor momento de su vida para seguir jugando, pero eso ya sería material para otro libro completo.

Además de su grandeza, lo que todos estos hombres en definitiva tenían en común era que no estaban forzados a retirarse. Aunque ninguno de ellos se encontraba en el pináculo de su carrera en ese momento, todos podían jugar mejor que la mayoría de sus colegas, tenían un enorme salario y hacían a sus fanáticos delirantemente felices. Y, por supuesto, todos ellos sabían que había llegado el momento de retirarse.

Rara vez existe una buena razón para quedarse si ya comprendiste que no puedes continuar jugando a tu máxima capacidad. Es la realidad del futbol americano y del hockey, pero también de los negocios.

Nuestras carreras progresan en etapas. Primero viene el embriagante empleo de entrada, como cuando eres niña, vas a la dulcería y todo es emocionante. Luego viene la adolescencia laboral; en esta etapa vas en ascenso, pero no sabes cuán alto podrás llegar. Finalmente, llegas a la madurez y estás en el mejor momento de tu carrera.

Pero entonces un día notas que te cuesta más trabajo ir a la oficina, que ya no presionas para que te incluyan en proyectos emocionantes, ya no te interesa probarte a ti misma, tu atención se enfoca con mayor frecuencia en aspectos ajenos a la oficina. Ya no eres una joven leona lista para cazar. Lo único que estás haciendo es matar las horas.

¿Cuántas de nosotras tenemos la sensibilidad suficiente para reconocer que se acerca el final del juego? ¿Y cuántas estamos de verdad preparadas para realizar el cambio cuando ya sea inevitable? Tal vez ya sabes que Michael Jordan ha pasado la última década asegurándose de que los aspectos financieros de su hogar estén en orden (y, claro, eso es mucho más sencillo cuando ganas 50 millones de dólares al año). Pero, ¿y tu casa ya está en orden?

La respuesta más común entre la mayoría de las mujeres es no. Planear nuestro futuro financiero continúa significando que nuestros maridos o parejas se hagan cargo del asunto, de la misma forma que nuestros padres les entregaban el dinero a nuestras madres. Incluso, muchas que no tenemos una relación seguimos esperando que llegue un príncipe azul a galope y nos salve para que no tengamos que pensar en seguros, inversiones, retiro e impuestos prediales.

¡Pero, por favor! Los príncipes azules ya desaparecieron con todo y sus armaduras y peinados abombados. A menos de que tengas mucha suerte, la única responsable de asegurar tu vejez en el aspecto financiero eres tú. Aun si tienes pareja o esposo, no puedes estar segura de que estará ahí para hacerse cargo de ti cuando acabe tu carrera. ¿Para qué arriesgarse?

Desde el principio del juego, trata de planear el final. Asegúrate de que tu casa esté en orden. También en los aspectos financieros. Es un proceso que toma muchos años y las variables cambian constantemente.

Tal vez hoy crees que te retirarás a los sesenta, tal vez mañana pienses que lo harás a los setenta, cincuenta y cinco u ochenta. Puedes hacer ajustes de manera continua, pero tienes que estar completamente segura de que podrás darte el lujo de retirarte cuando llegue el momento de hacerlo.

Compra alguno de los muchos libros que existen sobre planeación financiera. Habla con amigas y colegas que estén informadas. Comienza a reunir los nombres de buenos asesores. El aspecto monetario del juego del retiro es algo que ninguna mujer se puede dar el lujo de descuidar.

Si a la mayoría nos cuesta trabajo lidiar con los aspectos financieros vinculados a nuestra vida cuando acaba la carrera, es todavía más difícil confrontar el asunto del estatus. En otras palabras, tu trabajo no eres tú sino lo que haces.

¿Suena simple? Sí, pero no lo es. Por años los hombres han estado en los negocios, pero muy pocos han aprendido lo que esto significa. He visto a cientos de ellos enfrentar el retiro, incluso los más sagaces —incluido mi padre entre ellos—, nunca fueron capaces de manejarlo bien.

Con el paso de los años he aprendido que, para la mayor parte de la gente, yo no soy Gail Evans, sino Gail-Evans-ex vicepresidenta-Ejecutiva-de-CNN. Yo no existo sin todas esas palabras que van después de mi nombre.

A veces, yo misma cometo este error. He llegado a depender de este título para conseguir reservaciones para cenar en lugares donde es casi imposible entrar, para dar una fuerte impresión en actos sociales, para establecer contactos y fuentes. Es una identificación que funciona, que me deja acceder a lugares y que hace que la gente me preste atención. No puedo fingir que no me gusta.

¿Pero en verdad sé que esas palabras conectadas con tanta solidez no son realmente lo que yo soy? Creo que no lo sabré, sino hasta que deje mi empleo por completo y me convierta tan sólo en Gail Evans.

La capacidad para resolver este problema debería ser el don de una mujer en el aspecto laboral. A nosotras nos gusta decir que a nuestra identidad como mujeres la definen las distintas relaciones que tenemos como: madres de nuestros hijos, amigas de la comunidad, amantes de nuestra pareja. Sin embargo, he notado que, a medida que las mujeres hemos ganado más poder, hemos empezado a imitar a los hombres en lo que se refiere a envolver la identidad con el trabajo y a renunciar a otras maneras de valorarnos que históricamente ya nos habían otorgado cierta perspectiva.

Asimismo, mientras avanzamos en el mundo de los negocios y aumenta la probabilidad de que tengamos que manejar el retiro de la forma en que se solía hacer, surge otra opción: que reescribamos las reglas de los negocios y, en particular, las de la jubilación. Siempre y cuando recordemos la capacidad que tenemos para valorar la totalidad de nuestras vidas, y siempre que nos neguemos a creer que somos sólo tan importantes como nuestro trabajo nos lo permite, podremos transformar el retiro —incluso el retiro de carreras altamente exitosas—, en una gran aventura. En lugar de sentirnos despojadas, podemos tomar la jubilación como un momento para indagar en otros aspectos de nuestra personalidad. Es posible que volvamos a trabajar medio tiempo y nos convirtamos en mentoras de otras mujeres. Tal vez volvamos a la familia. O quizá descubramos talentos ocultos y comencemos nuevas carreras.

Aprovechemos ese descubrimiento de que nuestras carreras pueden ser secuenciales y no sólo simultáneas, y hagamos que esta sucesión de hechos en nuestra vida sea lo más plena posible. ¿Por qué no utilizar todos nuestros talentos como mujeres para hacer que el retiro sea tan productivo y fortalecedor como los años de vida laboral?

9
LAS DOS REGLAS FINALES

Debido a su largo entrenamiento en relaciones humanas —porque eso es lo que realmente es la intuición femenina—, las mujeres tienen una contribución especial que hacer a cualquier grupo empresarial.

MARGARET MEAD, antropóloga

1

Sé mujer

El otro día comí con uno de los integrantes de los Bravos de Atlanta (nuestra empresa es dueña del equipo), y sostuvimos una maravillosa conversación que incluyó un amplio rango de temas: su vida familiar, sus antecedentes, sus sueños. Y los míos también.

Unas noches después asistí a un juego con uno de los presentadores de deportes de CNN. Cuando el jugador salió del campo de juego, le dije a mi compañero de trabajo, "¡Mira, ahí va mi nuevo amigo!", y le conté al presentador sobre el día que comimos juntos.

El presentador se quedó sorprendido. "¿Bromeas?", me preguntó. "Nosotros nunca hablamos sobre cosas como esas", dijo, y me informó un poco sobre la forma en que los jugadores hablan entre sí y con la prensa. Son conversaciones muy masculinas: sólo los hechos y las estadísticas. Nada de emoción, nada de vínculos.

Más adelante, me di cuenta de que mi conversación con el Bravo había sido así de profunda porque yo me había permitido ser mujer. No fingí que era una especie de genio o conocedora de los deportes, y no traté de hablar como hombre. Le pregunté cómo estaba manejando su familia su reciente cambio al equipo de Atlanta, qué tal le estaba yendo a su esposa con la mudanza y qué tan bien se estaban adaptando sus hijos a la escuela. Traté de propiciar una relación personal con él.

Muy a menudo me sorprende la naturaleza tan personal de las conversaciones que las mujeres pueden tener con los hombres cuando están haciendo negocios y creo firmemente que estas conversaciones mejoran nuestra relación de trabajo. Esto no significa que los hombres se vayan pensando que no somos profesionales o astutas, más bien, este tipo de conversaciones pueden hacerlos sentir más seguras cuando nos reunimos con ellos. De esta forma, los hombres pueden entender que, además de hacer negocios o trabajar con ellos, somos mujeres reales que pueden interesarse de manera genuina por sus esposas, sus familias y los problemas de los que nunca hablarían con otros hombres.

Todas las mujeres inteligentes que conozco en los negocios están de acuerdo en que al permitir que ese aspecto natural y maternal de ti misma aflore, puedes construir relaciones profundas con tus compañeros de trabajo varones y con tus jefes. Esto significa que pueden confiar en ti y en tu opinión, y eso, a su vez, te brinda un acceso mucho mayor a ellos.

Yo trato de hacer esa relación más intensa por medio de mis instintos naturales de madre. Como me encantan los niños, siempre tengo libros infantiles en mis libreros, así que los empleados que trabajan los fines de semana o días feriados pueden traer a sus hijos a mi oficina. Este aspecto de mi personalidad ayuda a sanar las sensibilidades lastimadas, algunos días después, cuando les grito a los padres de esos mismos niños. Como todo jefe y jefa, tengo momentos irracionales, pero, ¿cuán enojado puedes llegar a estar si, a pesar de su rostro enrojecido por el enojo, también puedes imaginar a tu jefa sosteniendo a su hija sobre su regazo?

Aprovecha todos tus rasgos naturales. Usa esa actitud optimista que tienes frente a la vida para hacer que todos los que trabajan contigo sientan que son integrantes valiosos del equipo. Usa tus habilidades sociales. Si la recepcionista trae un nuevo peinado o la señora de la limpieza tuvo un bebé pero ya volvió a la oficina, préstales atención a estos sucesos. Cuando la gentileza es genuina, la gente la recuerda y la recompensa.

Y sobre todo, usa tu intuición. Los hombres realmente no desarrollan su intuición; el término *intuición masculina* ni siquiera se usa. Las mujeres sí. Nosotras somos más intuitivas que los hombres en esencia, pero dudo bastante que éste sea un atributo innato. Lo más probable es que se derive de la inclinación que sentimos por las relaciones y de la atención que le prestamos al cuerpo, voz y pensamiento de otras personas. Cuando un bebé llora por la noche, las mujeres necesitamos saber si llora por algún problema serio o por una incomodidad básica. Si nuestro hijo de diez años dice que odia la escuela, tenemos que saber si tuvo un mal día o si el descontento es permanente. Si el hijo adolescente lleva tres accidentes automovilísticos menores en los últimos dos meses, sabemos que lo más probable es que vuelva a suceder. Por eso, decirle "Ten cuidado", antes de que avance, no significa que seas adivina, sino que has observado con cuidado y has notado ciertos patrones.

La intuición es la habilidad de estar consciente de lo que sucede a tu alrededor en todo momento. Significa escuchar y notar los matices más sutiles de una situación específica, saber cómo leer señales corporales y mentales, y saber leer tus propias señales también.

Aunque suene sorprendente, en realidad no hay muchos grandes misterios en los negocios. No es difícil meterse en la cabeza de otras personas. Si de verdad estás escuchando y observando, verás que la mayoría de la gente revela más de lo que se da cuenta. A través del lenguaje corporal, del tono de voz, las palabras y el subtexto, la gente te dirá todo lo que necesitas saber.

La intuición es una de las herramientas más poderosas que las mujeres poseen. Lo único que tienes que hacer para usarla es escuchar, no sólo con los oídos, sino con las entrañas también.

Usa tus instintos femeninos para beneficiarte. Por supuesto, siempre y cuando entiendas el efecto que estos tendrán en los varones que trabajan en tu oficina. Una cosa es ser maternal en privado con un compañero cuyo trabajo ha estado dejando que desear, y otra, hacer eso mismo en público. Así, sólo lograrás avergonzarlo a él y a ti misma.

2
Sé tú misma

Cuando los escritores varones quieren crear un personaje femenino interesante, hacen que esa mujer sea la más poderosa, hermosa o traicionera. Se convierte en Lady Macbeth, Helena de Troya o Becky Sharp.

Las escritoras, en cambio, describen una heroína que tiene integridad. Piensa en Elizabeth Bennet de Jane Austen; en la señora Ramsay de Virginia Woolf, o en Lily Bart de Edith Wharton. Todas son mujeres a las que otras mujeres admiran porque son fuertes y poseen sólidos atributos morales.

Naturalmente, no me atrevería a decir que las mujeres tienen más integridad que los hombres. Eso es un asunto de cada persona. Pero, quizá, desde un punto de vista social y biológico, la integridad es importante para nosotras porque el hombre más íntegro es el más proclive a cumplir sus promesas de fidelidad, y eso lo hace un mejor compañero. Tal vez nos importa la integridad porque crecemos que es el fundamento de cualquier relación, y las relaciones son la piedra angular de nuestra existencia. O, quizá, el concepto de valorar la integridad está de verdad arraigado en nuestra configuración genética.

Una de las varias definiciones de integridad que aparecen en el diccionario es: "Cualidad o condición de ser completo e indivisible; completitud; estado de perfección, solidez."

Para mí, esto significa ser genuino con uno mismo, ser honesto con tu propio yo en cualquier situación y lugar, incluyendo la oficina.

La mujer que trata de cambiar su forma de ser para pertenecer al ambiente de su trabajo siempre será inadecuada de modo indescriptible.

Ahí está ella, fingiendo que es una tigresa, pero en realidad es una gatita domesticada en busca de aceptación. Es una hipócrita en dos patas y lo sabe. La mentira la hace infeliz, otros se aprovechan de ello y, dentro de muy poco tiempo, ya nadie —ni sus compañeros de oficina ni ella misma— quiere saber quién es en realidad.

No importa cuánto oculte o finja, nada puede cambiar el verdadero yo de una persona. Una mujer que constantemente se recrea a sí misma, que trata de ser alguien que no es, jamás estará cómoda consigo, ni en su interior ni en ningún otro sitio.

Digamos que una mujer que está a punto de salir a una cita con un nuevo novio pasa horas pensando cómo deberá presentarse a sí misma. ¿Coqueta? ¿Intelectual? ¿Mujer de negocios? ¿Amante de la vida hogareña? Para cuando la cita llega a su fin, no importa qué papel haya elegido, ya que ni ella ni el novio la habrán disfrutado.

Este mismo principio también se aplica en el ámbito laboral y de los negocios. Si inviertes toda tu energía en construir una imagen falsa, te va a quedar muy poca para llevar a cabo tus labores reales.

A pesar de lo anterior, muchas mujeres crean un álter ego porque, según me han dicho, su "verdadero yo" no tendría éxito. Yo pienso que el "falso yo" tampoco lo tendrá. ¿Tú crees que vas a prosperar si todos los días tienes una nueva identidad de fantasía? Tal vez es por eso que leemos tantas historias acerca de ejecutivas que abandonan la vida corporativa porque no se sienten satisfechas. Quizá muchas de estas mujeres jamás revelaron su verdadero yo en el trabajo. ¿Qué tan bien crees que se sienta pensar todo el día que eres una impostora?

Siempre existe la tentación de ocultar nuestro verdadero yo, de tener dudas y decirnos: "En realidad no sé quién soy, así que adoptaré la personalidad que parezca ser más fácil de promover."

Pero, por supuesto, la demás gente siempre se da cuenta de la trampa. Todos tenemos el instinto necesario para saber quién es genuino y quién no, empezando por nosotros mismos. A veces, cuando he llegado a decir algo evidentemente poco sincero, me descubro y pienso: "No puedo creer que haya dicho eso".

Recuerdo la primera vez que me permití ser yo misma de una manera total y sin adulteración alguna. Fue mientras veía, junto con unos doce ejecutivos varones, la cinta de un nuevo programa de CNN que había sido creado para atraer a las mujeres. En el programa se presentaba a una reconocida modelo y se describía su día como una mujer normal. Se le veía dejar a su niño en la guardería, hacerse cargo de sus quehaceres, comprar el mandado, etcétera.

Después de la transmisión de la cinta, los hombres expresaron su admiración por el programa. Luego voltearon a verme.

—¿Qué piensas? –me preguntaron. (Traducción: "¿Qué piensa la mujer?")

—Lo detesto —contesté.

Creyeron que bromeaba.

—Vamos, ya dinos qué piensas. En serio —insistieron.

Repetí mi reacción.

—Las mujeres no van a comprar esto.

—¿Qué deberíamos cambiar? —preguntaron.

—Lo detesto de principio a fin —dije—. No se trata de cambiarle algo: no funciona.

Normalmente, sólo habría hecho sugerencias para mejorar cada segmento o sobre cómo modificar los intervalos, o habría analizado el impacto del programa desde una perspectiva de negocios. Pero en esa ocasión no tenía ganas de hablar en términos masculinos. Sabía que el programa no iba a funcionar porque no era creíble. Ninguna mujer cuerda creería que esa asombrosa y privilegiada modelo tenía los mismos problemas que el público femenino, y mucho menos que ella misma iba a comprar sus víveres.

Así que, por primera vez en mi carrera, me di la oportunidad de ser yo misma, decir lo que en verdad pensaba y enfrentar las consecuencias.

Lo que aprendí de esa experiencia fue que no dejé de agradarle a nadie por lo que hice, no dejaron de pedir mi opinión ni me despidieron. Ya no tenía que seguir inventándome porque había construido suficiente credibilidad para expresarme con honestidad y con mi propio lenguaje.

Ser tú misma no significa que estarás imposibilitada para triunfar en un ámbito masculino. Significa que tienes que encontrar un equilibrio cómodo entre quién eres y el ambiente en que trabajas.

Tampoco significa que debas seguir al pie de la letra todas las sugerencias de este libro. No tienes que hacer sonar tu claxon, no tienes que aprender a hablar por ti misma, no tienes que ser una jugadora de equipo. Si quieres seguir trabajando como una entidad anónima en una esquina o una bodega oculta, no hay ningún problema: siempre y cuando entiendas a fondo las consecuencias de tus acciones. Si adoras lo apacible de tu trabajo porque te permite ir y venir a voluntad, obtener tu aumento del cuatro por ciento cada año y tener bastante tiempo para disfrutar de tu vida, está bien. Pero si tienes la ambición de llegar a ser ejecutiva de finanzas, directora ejecutiva o presidenta de la junta directiva, entonces debes hacer ruido.

Este libro es sobre cómo producir ese ruido y cómo tomar decisiones. Piensa que mis consejos son como prendas que te puedes probar. ¿Te queda bien la sugerencia? ¿Te ves bien con ella? ¿Va con tu personalidad?

La primavera pasada vi en Neiman Marcus varios conjuntos de sacos y faldas de lindos y vibrantes colores. Estaban colgados junto a un exhibidor de pantalones de vestir en colores neutrales como los que yo suelo usar. De inmediato, sentí la necesidad de comprar esas prendas de brillantes colores, pero luego pensé que, si quería usar faldas en las calurosas tardes de Alabama, tendría que usar medias.

A pesar de que quería pensar que yo podía ser el tipo de persona que usa colores brillantes, al mirarme al espejo supe que yo no soy así. Yo soy la mujer del traje gris con pantalones. Por lo menos lo era en ese momento de mi vida.

Mi hija se prueba docenas de blusas blancas que son casi idénticas, hasta encontrar la que le parece que va con ella. Nadie más puede notar la diferencia. Trata de hacer lo mismo con estas reglas. Si no te gusta cómo luces, piensa que hay muchas otras mujeres a las que tampoco les van bien mis ideas. Pero también piensa que, si rechazas el atuendo por completo, tal vez te arrepientas en unos quince años.

Incluso si sientes demasiado apego por una empresa en la que no siempre estás cómoda, recuerda que puedes buscar un lugar en donde puedas funcionar y continuar siendo honesta contigo al mismo tiempo.

¿Por qué muchas de nosotras entramos a trabajar a relaciones públicas, recursos humanos o servicios creativos? Algunas feministas dicen que es porque los hombres nos acorralan en los trabajos que han sido tradicionalmente para mujeres, y punto final. Pero yo creo que estar en un área como recursos humanos nos permite apreciar el impacto que podemos tener en otros. Hoy, por ejemplo, tal vez ayudaste a una madre soltera a encontrar una guardería que le va a permitir dejar a su hijo en un lugar donde lo cuidarán, para seguir trabajando. O tal vez condujiste a un ejecutivo *junior* insatisfecho, a un puesto que le agrada más en nuevo departamento, y eso te hace sentir increíble.

Para tomar decisiones sobre el área que te interesa, analiza tu personalidad, pero también haz un escrutinio del mercado laboral. Digamos, por ejemplo, que fuiste una ambientalista apasionada en la universidad y ahora vas a aceptar un empleo en una empresa que muchos consideran que contamina demasiado. ¿Estarías feliz? ¿O tal vez, en realidad, sólo te interesa hacer dinero? Admítelo para ti misma. La verdad es que no hay nada de malo en elegir lo segundo.

El otro día entrevisté a una joven que me dijo que estaba buscando un empleo en un lugar en donde pudiera ganar mucho dinero y conocer la mayor cantidad posible de solteros disponibles. Esperaba casarse en algunos años pero, mientras tanto, quería vivir bien. "No me importa cuál sea el empleo", dijo, "siempre y cuando llene esos requisitos."

A una colega mía le pareció que aquella mujer era despreciable, pero a mí me pareció, de hecho, muy impresionante. Era una mujer que se conocía bien a sí misma. Muchas de nosotras nos podemos reconocer en sus comentarios, pero nos daría mucho temor admitirlo porque sus ambiciones son demasiado atrevidas y, al articularlas, suenan como algo muy inapropiado.

"Quiero trabajar en una empresa con responsabilidad social", decimos, y lo decimos en serio. Pero tal vez no queramos esto para siempre. A aquella joven mujer le interesaba salvar al mundo cuando tenía veintitantos años, pero ahora quiere salvarse a sí misma, aunque también es posible que vuelva a cambiar de opinión.

Si no quieres ser una mártir en la oficina, debes decidir qué es importante para ti. Habla contigo en voz alta. Articular con decisión lo que piensas te ayudará mucho a alcanzar tus objetivos. ¿Cuáles son tus sueños? Escribe tus fantasías. Haz listas. A las mujeres nos enseñaron a atender las necesidades de todos, excepto las nuestras. Pero si no sabes qué es lo que quieres obtener del mundo laboral y de los negocios, jamás lo conseguirás. Créeme: nadie más lo va a obtener por ti.

La mayor satisfacción de una mujer de negocios es sentirse bien acerca de sí misma, de sus jefes y de la empresa para la que trabaja, pero todo esto es difícil de conciliar en las corporaciones de gran tamaño. Es por ello que debes apostarle en mayor medida a vivir con la mayor plenitud posible en relación a ti misma. Trata de considerar que todo es posible, sé la persona que puede decir que obtendrá lo que desea. No te quedes atrapada en el viejo mito de que no puedes hacerlo, crea mitos nuevos si es necesario. Si estás bloqueada, siéntate y piensa cómo podrías tomar una desviación creativa. Nunca aceptes que una señal de alto se convierta en un muro infranqueable. Acepta que a veces tendrás que retroceder para poder continuar avanzando. Piensa que, si te lo propones, no habrá nada que no puedas lograr.

Las mujeres tenemos mucho que ofrecer al mundo. Algún día, cuando conceptos como el del techo de cristal ya no existan, transformaremos nuestros lugares de trabajo en formas insospechadas hasta ahora. Pero mientras tanto, recuerda: diviértete, sé tu misma, ama tu vida y goza del juego.

Agradecimientos

En el curso de mi carrera y durante el tiempo que escribí este libro, me ha ayudado muchísima gente. Quiero agradecerle a cada uno de ustedes; desearía poder mencionar todos los nombres; sin embargo, hay algunas personas a las que debo agradecer de manera específica.

A Jeanne Mintz, mi primera jefa, quien me enseñó que una mujer podía ser cualquier cosa que ella quisiera; al ex congresista William Fitts Ryan, quien me enseño que, sin importar cuán grande sea la presión, no debes renunciar nunca a tus valores e ideales; a Don Farmer y Chris Curle, por su amistad, por todo lo que me enseñaron sobre la televisión, y también por haberme brindado (en más de una ocasión) la oportunidad de hacer de las noticias una carrera para mí; a Burt Reinhardt, por su sabiduría, su sonrisa y su infalible y discreto apoyo; a Ed Turner, escritor inteligente y gran maestro editorial; a Tom Johnson, un hombre de verdadera integridad que creyó en mí y me dio un sitio para sentarme a la mesa; a Rick Kaplan, gran defensor de la igualdad y maravilloso productor de televisión; a Ted Turner y Gerry Levin, para quienes me siento orgullosa de trabajar; a Wendy Guarisco, una verdadera investigadora de alto nivel; a Landmark Forum, donde aprendí que los rompimientos profesionales y personales siempre son posibles; Jan Miller, excelente agente y amiga; Suzanne Oaks y Bob Asahina, mis maravillosos editores en Broadway Books; Jane Leavey, Bobbie Goldin y Jack Damgaard por su apoyo y amistad; a Jarvin Levinson por su entendimiento y asesoría legal; a mi padre, cuyo orgullo en su hija me sigue haciendo sonreír; a mis nueras Laurie y Kathy, y a sus hermosos hijos Drew, Alec y Sarah, quienes le brindan alegría a mi vida todos los días; a mi hermana Bonnie Reeves y mi cuñada Judith Evans, ambas, exitosas ejecutivas que me brindaron una visión de otras áreas del ámbito corporativo de Estados Unidos; a Bob Evans por su apoyo y aliento; a John Reeves, Eli Evans y Josh Evans, los maravillosos hombres de mi familia; a mi suegra, Sara Evans, la mujer de negocios por excelencia; a Alvin Goldstein, mi gurú, entrenador, mejor amigo, y la persona que me abrió los ojos al mundo de todo lo posible; y a Goode, quien nunca se cansa de escuchar mis historias.

También quiero mencionar a algunos de mis amigos y compañeros de trabajo de CNN, del pasado y el presente, incluyendo a: Wendy Whitworth, Judy Milestone, Diane Durham, Lucy Spiegel, Jennifer Zeidman, Jennifer Maguire, Teya Ryan, Sue Bunda, Pat Mitchell, Sue Binford, Catherine Crier, Greta Van Susteren, Julia Sprunt, Judy Woodruff, Eason Jordan, Don Smith, Steve Korn, Rick Davis, Frank Sesno, Bob Furnad, Robin Tanner, Alma Scroggins, Jane Maxwell, Dave Kohler, Patrick Reap, Carol Buckland, Chris Mould, Sid Bedingfield, Keith McAllister, Jill Neff, Joy di Benedetto, Gail Chalef, Cory Charles, Susan Toffler, Bonnie Anderson, David Bernknopf, Samantha Robinson, Renee Davis, Jodi Fleisig, Ashley Van Beuren, Betsy Goldman, Joan Klunder, Cindy Patrick, Susan Grant y Lauren Oltarsh.

Y finalmente, a Gene Stone, quien con valentía me tomó de la mano e hizo posible que yo escribiera este libro. Estoy asombrada por su capacidad para transformar mis conversaciones en escritura pero, sobre todo, porque trabajar con él fue divertidísimo. Siempre me ofreció el nivel adecuado de apoyo y amistad.

Sobre la autora

Como vicepresidenta ejecutiva de CNN Newsgroup, Gail Evans supervisa el programa y desarrollo de talento de las cadenas nacionales. Asimismo, es responsable de los programas de entrevistas de CNN y de los departamentos de reclutamiento e investigación. Los programas de Evans han recibido numerosos reconocimientos, incluyendo el Commendation Award de American Women in Radio and Television, y el Breakthrough Award for Women, Men and Media, así como varias nominaciones al Emmy. Vive en Atlanta.

Elogios para *Juega como hombre, gana como mujer*

"Este libro es perfecto para cualquier mujer que busque una guía paso a paso para ser tan implacable —y exitosa— como su jefe", *USA Today*

"Son… *las* reglas para las mujeres en el escalafón corporativo; una visión inteligente de lo que no es justo y cómo superarlo", *Palm Beach Post-Cox News Service*

"Gail Evans ha creado un manual práctico, honesto y divertido para tener éxito profesional, que toda mujer (y algunos hombres) deberían leer… Lee el libro. Aprende a jugar el juego y ganar. Los hombres no deberían ser los únicos que se divierten", *Binghamton Press & Sun*

Los negocios son, efectivamente, un juego, y como cualquier otro, hay reglas para ganar. En este provocativo libro para mujeres de todos los niveles corporativos —de asistente a vicepresidenta—, Gail Evans revela los secretos del manual del éxito que han ayudado a cientos de miles de mujeres de todo el mundo a ascender en la escalera corporativa. Con las herramientas que Evans ofrece puedes tomar las decisiones correctas en el trabajo para conseguir una ventaja potencial sobre los hombres. Entre las reglas que aprenderás, se encuentran:

- Cómo llevar el marcador en el trabajo.
- Cuándo correr un riesgo.
- Cómo manejar el síndrome de la impostora.

- Diez conceptos y palabras del vocabulario que significan cosas distintas para los hombres y las mujeres.
- Por qué los hombres sí pueden verse feos y tú no.
- Cuándo renunciar a un empleo.

Juega como hombre, gana como mujer es un manual asombrosamente honesto que revela importantes asuntos sobre las relaciones laborales entre los hombres y las mujeres, y es una lectura obligada para todas las mujeres que desean incrementar su poder en el trabajo.

Este libro terminó de imprimirse en octubre de 2013
en Editorial Penagos, S.A. de C.V., Lago Wetter núm.
152, Col. Pensil, C.P. 11490, México, D.F.